Bogumil Goltz · Kindheit in Warschau und Königsberg

DEUTSCHE BIBLIOTHEK DES OSTENS

Herausgegeben
von
Karl Konrad Polheim und Hans Rothe

Nicolai

BOGUMIL GOLTZ

Kindheit in Warschau und Königsberg

Herausgegeben
von
Marek Zybura

Nicolai

In Verbindung mit der Kommission zum Studium der deutschen Geschichte und Kultur im Osten an der Universität Bonn

Lektorat: Carolin Hilker-Siebenhaar
Umschlagbild: Bernardo Bellotto, genannt Canaletto,
Ansicht von Warschau (Ausschnitt), 1773/74;
Archiv für Kunst und Geschichte, Berlin
Satz: Mega-Satz-Service, Berlin
Druck und Bindung: Passavia GmbH, Passau

Printed in Germany
ISBN 3-87584-397-5

Historien aus Warschau

Ach nie scheint uns'res Herr Gott's Sonne
So schön als da, wo sie zuerst uns schien!

Warschau von Sonst und von Jetzt

An Warschau, meinen Geburtsort, knüpfen sich meine frühsten Erinnerungen. Wundersam ist es, was in der Kinderseele von den ersten Eindrücken aus einer großen Stadt für ein Allerlei der disparatesten Dinge zurückbleibt, wie scharf und physiognomievoll eben das Geringfügigste und Zufälligste gefaßt wird, und wie nichts destoweniger die schreiendsten Contraste, ähnlich der Traumwelt, in einem und demselben Grundton ausgefärbt und abgedämpft sind, wie alle die Configurationen der illusorischen Kinderwelt von demselben Clima und Evolutionsprinzip, von derselben Vegetation und Existenzart Zeugnisse geben.

Das ist aber eben der wunderbare Grundcharakter der Naivität. Im Traume wie im Kinderdasein ist die grellste Mannigfaltigkeit durch eine und dieselbe Lebensfühlung und Stimmung zur Einheit gebildet. An dem einfältigen, liebenden Sinn, an dem naturheiligen Organe des Kindes hat auch der tollste Metamorphosenwechsel das gesunde Gegengewicht, welches nicht sobald eine moralische oder logische Verwunderung aufkommen läßt; wogegen die gelehrten und erwachsenen Leute, selbst bei heiligen und poetischen Gelegenheiten, Prinzip, Zusammenhang, Übergang, Vermittlung und Möglichkeit auf profane und Ärgerniß gebende Weise Rede stellen und kontrolliren. Was auch immer an Curiositäten, Dissonanzen und Überraschungen in den Gesichtskreis des Kindes springt und in seine Phantasie, das wird, ähnlich wie es von einfältigen Landleuten in der Feenoper geschieht, ohne kritisch-historische Vertretung der Einzelmomente, nämlich in Bausch und Bogen und wie wenn Alles eben so und nicht anders sein müßte, entgegengenommen. Vom absoluten Wunder des Lebens ist die Seele des Kindes, wie des Menschen aus dem Volke, ein für allemal erfüllt, und die Grundbewegung ist von Haus aus Glaube, Andacht und Wundergefühl. Somit kommt es denn in dem einen massiven Wunder des Lebens, in welchem alle Dinge wie in ihrem angestammten Elemente bestehen und auf ihrer Wurzel wachsen, nicht mehr auf eine skrupulös vergleichende, analysirende, auswägende und klassifizirende Wunderkritik an.

Das Kind greift sich allerdings mehr noch wie der große Mensch aus der großen Welt eine kleine und aus dem großen Weltwunder ein besonderstes Schooß- und Lieblingswunder heraus; aber die Grundstimmung und Lebensfühlung ist dabei immer eine und dieselbe und das Kopfzerbrechen nie ein kritisch-profaner Prozeß, der das Wunder in Vernunftverschiß erklärt, nach dem er das Leben inquirirt, inkriminirt und abgeschlachtet hat.

Wenn ich nun so in meine Warschauer Kindheit als in meine erste Heimath zurückpilgre, und die Seele von dazumal sich wieder zu der Seele von heute heranfindet, so gibt das, um beim Bildlichen zu beginnen, ein fabelhaftes und doch ein wunderbar einheitlich geformtes und gefärbtes Chaos von Riesenpalästen, Kirchen und Schindelkabaken, von Prachtstraßen, großen Plätzen und kothigen Gassenquirlen, von bekaftanten Juden und Schlachtschitzen, desgleichen von Doroschken, Kibitken und Equipagen, von Äpfelweibern, Brotbuben und Prunkkaufläden, von Schnapsboutiken, Straßengarküchen und fürstlichen Hotels, kurz, eine Welt aus aller Welt Elementen, Lebensproben, Lumpen, Fetzen- und Culturfragmenten zusammengepascht, und so ist es mit Ausnahme der Baulichkeiten in den Hauptstraßen auch noch diesen Tag.

Die himmelschreiendsten Existenz- und Bildungs-Contraste, verzweiflungsvoll romantisch Stirn an Stirne gerückt, sinken und steigen, sticken und gurgeln da in demselben giftigen Miasma, gähren, brodeln und brauen sich da in demselben scheußlichen Hexenkessel zu einer europäisch-orientalischen Staats-Menage und Politik.

Zu preußischer Zeit hatte sich das slavische und katholische Prinzip auf ganz unaussprechliche Weise an der deutsch-protestantischen Bildung und Lebensart contrastirt, und beide Elemente erschienen wiederum in einem leisen Duft von orientalischem Sein ausgefärbt, der das Schisma differenter Existenzen wie in einem poetischen Nebel entrückte.

So hatte ich instinktmäßig das Leben der polnischen Hauptstadt im Spiegel meiner Seele reflectirt, und so repetirte ich es in den ersten Tagen meiner Wiederkehr, bis vor der entsetzlichen Wirklichkeit die Illusionen und Morgenträume der Kindheit verschwanden wie Fata-Morgana hinter dickem Nebel und Rauch. Ach, dieses Warschau ist heut ein *Rendezvous* von aller Welt Schauder-Mysterien, von Bildungsprätensionen und Bestialität, von Üppigkeit und Hungerleiderei, von Bildungs-Essenzen und Bildungs-Exkrementen, von Schmutz und von Prunk, von Damendelikatesse und Prostitution, von Affectationen und Exzessen. Ein Sprachen-Babel ist diese wundersame Stadt, ein Labyrinth von verzweifelten Politiken und Intriguen, von Resignation und Sybaritismus, von politischen Martyrien und solchen Verbrechen, von Lebensvergeudung und Lebensverkümmerung, von Freiheits- und Sklavensinn, von wahnwitzigen Zuversichten und einem verzweifelten Atheismus. Alles in denselben Sündenbrodem, in dasselbe Chaos getaucht! Ein scheußlicher Quirl von Juden, Spionen, Hetären, Glücksrittern und Kupplerinnen, von Barbaren der Barbarei und der Civilisation in ein und denselben Subjecten, alle dem Acheron entgegentreibend. Das sind die Radikale, das ist der Fünftelsaft, die Physiognomie und die Nativität der unglückseligen Stadt.

Wie ich seit meiner Kindheit zum erstenmal wieder und zwar als schwabenmündiger Mann, als brütender Gedankenfabrikant, seine Gassen durchwanderte und mit den alten Palästen und Scenerien die alten Lebensarten und Traumseligkeiten aus der Kinderzeit nach und nach wieder aus dem Seelenabgrund heraustauchten, da war es mir auf Augenblicke, als wenn ich das Alles auf einem andern Planeten erlebt hätte.

Wie viel Tage, wie viel Monden und Jahre, wie viel Herzpulse, Lebensprozesse und Lebensgeschichten können sich doch in wenige Stunden, ja in einen Augenblick konzentriren!

Und doch wiegte mich dieses Warschau in süße Träume, und doch schmeichelte mir dieser Brodem und Koth wie Lüfte und Äther aus Eden; denn es ist ja mein Geburtsort, der Ort, wo meine Wiege stand.

Der Genius meiner Kindheit, ihre unschuldigen Historien liegen da begraben; mit ihnen wandelte ich durch das moderne Sodom und Gomorrha, durch das jüngste Chaos europäischer Schaudergeschichten und erblickte nur die guten Geister einer heiligen Kinderzeit.

Die erste Stunde des Schulbesuchs

Wie sich um die Urgebirgsrücken das feste Land angeschwemmt und aus den Urwassern sich der Granit selbst ausgeschieden haben mag; so stehen in meiner vorsündfluthlichen Kindheit gewisse Dinge, Erlebnisse und Personen als die Granitfundamente und Denksäulen, als die steinernen Wegweiser und Meilenzeiger auf meiner Lebensbahn da. Zu diesen hervorragenden und Epoche machenden Momenten gehört der erste Tag und die erste Stunde des ersten Schulbesuchs.

Ich war bereits von meinen erwachsenen Schwestern nicht ohne Erfolg im polnischen und deutschen Lesen und zwar ohne Lautir-Methode, aber dafür auch ohne Zungenverrenkung, ohne Gesichtsprostitution und ohne Brustschaden unterwiesen worden.

Ich hatte das Vaterunser, die zehn Gebote, das Einmal-Eins und die Zahlenschrift in meinem geistigen Capital, da ward ich einer Kleinkinderschule mit weiblichem Lehrpersonal und deren erster Classe überantwortet. Meine liebe Schwester und zeitherige Lehrerin brachte mich eines Morgens acht Uhr an den Ort meiner neuen Bestimmung. So lang ich mich in ihrer Nähe wußte, war ich unverzagt und gefaßt; als sie nun aber nach einer kurzen Ermahnung für meine kleine Person sich der Frau Directrice empfahl und ich mich dann auf einmal mit meiner Classen-Tyrannin und der Masse viel größerer Jungen ohne Anhang ersah, da fühlte ich mich zum erstenmal in der Fremde und verlassen, dem Weinen viel näher wie dem Lachen.

In der ersten Viertelstunde war mir zum Sterben zu Muth und zwar besonders deshalb, weil ich mißverständlich ein Stück aus einem polnischen Lesebuch wähnte, auswendig lernen zu sollen, das mir nur als Lese-Übung zudiktirt worden war.

In der zweiten Viertelstunde wußte ich mich noch ordentlich am Leben, in der dritten proper gefaßt, hinterdrein wohl verschüchtert und unbehaglich, weil noch nicht orientirt und ohne das Famulus-Wagnerische Wie, Wo oder Was, aber gleichwohl nicht unglücklich oder ohne Bravour.

Am andern Tage stellte ich einen ganz vernünftigen, kleinen Fiblatschki-Primaner dar, und mit dem dritten Sonnenaufgang war mein Bischen Mutterwitz dergestalt von den Todten auferstanden, daß ich mich bereits in meiner neuen Couleur und Bedeutung als ordentlicher Pennal, als Mitglied einer Fibel-Corporation (als Ultimus von Prima, nicht zu vergessen) und somit überhaupt in meinem *Esse* begriff. Geht das nicht ganz so mit den großen Leuten und ihrer anfänglichen Desperation? Ein altes Leben wird mit Herzensjammer begraben, sodann geschwind genug über der nagelneuen Genugthuung bis in den Tod ausgeschwitzt, zuletzt aber hochmüthig und dicknäsig in der Erinnerung noch profanirt.

Derselben Schwester, von der ich um Alles in der Welt nur einen Handschuh zum Augen- und Herzenstrost hätte zurückbehalten mögen, als sie mich in der Schule zurück ließ, der suchte ich in den ersten Tagen darauf schon mit meiner neu eingebildeten Würde zu imponiren, so daß ich ihr nicht mehr wie sonst pariren mocht'. O Menschenherz, du trotzig und verzagt Ding, wie bist du doch in Kindern und großen Leuten, in großen und kleinen Dingen, in allen Zeiten und bei allen Gelegenheiten das nämliche Herz.

Eigentlich vertauschte ich indeß nur eine Pietät mit der andern, und die Impietät gegen meine liebe Schwester Lehrerin stach sonderbar gegen den Respect ab, den mir die Jungen auf der ersten Bank durch ihr kleines Bischen Mehr von Schulverstand und Lernstücken auferlegten. Die Lehrer-Größe aber ging ganz der göttlichen gleich so sehr über meine Capazität, daß ich sie als pur unfaßbar so wenig reflectirte wie den Umfang der Welt. So bewundert ja auch der erwachsene Mensch das hohe Gewölbe eines Münsters, während ihn der Sternenhimmel meist gleichgültig läßt.

Eine Volksfestlichkeit mit Illumination

Der Kriegesrath S ***, ein Kinderfreund. Zimmer-Comfort

Die erste öffentliche Schulstunde ist so ein Angedenken aus der sittlichen Welt. Von heroisch romantischen Lebensarten ist mir dagegen noch sehr lebhaft in der Erinnerung eine große Militär- und Volksfestlichkeit, auf welcher mich meiner Mutter Amme überall so gewissenhaft umherschleppte, daß mir schwerlich irgend ein Augenblick, oder irgendwelche Augenlust entgangen sein kann.

Zuerst sah ich auf einem freien Platz einen ganzen Ochsen mit Lämmern im Bauch über einem Höllenfeuer am Spieße und auch von Zeit zu Zeit ordentlich wie einen andern Braten herumgewendet, so schwierig und ruckweise das auch bewerkstelligt ward. Das Rostbeef galt das Mal den Soldaten, und sie zerhieben zuletzt den halbgar gebratenen Ochsen mit ihren Säbeln, daß die Blutsauce nur so umhersprützte; aber es war Force! Mitgegessen hab ich nur in Gedanken, nicht aus Eßgier, sondern aus Neubegier und in purem Plaisir meiner Phantasie, denn solche ochsigen Geschichten, Massakern und Vorlegekünste hatte ich bis dahin weder gehört noch erlebt, und sie schienen auch den großen Leuten gar kurios!

Jedenfalls hat aber so ein ganzer Ochsenbraten mehr Saft und Kraft in jedem Fetzen als irgend ein Theil, der vom Beestganzen lospräparirt für sich *solo* im Topfe ausgequirlt oder in dem kolossalen Gewicht von 5 bis 10 Pfunden in der holzsparenden, spießbraten-verschworenen Holzersparungs-Vereins-Bratpfanne bis zur Holzfaser ausgesotten wird.

Wenn die Kleinstädter gescheut wären, so thäten sie sich an jedem Fleischtage zusammen, und präparirten sich die alte

Kuh, die sie für Rostbeef und resp. für Beefsteaks entgegenzunehmen angewiesen sind, wie einen Krönungs-Ochsen, und vertheilten sich die Stücke dann hinterdrein selbander, statt vornherein durch den Fleischer. Die Leute profitirten solchergestalt am Fleische, was sie am Geiste vermissen lassen, nämlich den Saft und die Kraft. Und das gäbe dann überdies einen Bratenverein mit natürlicher Sauce, die bei den übrigen Vereinen in der Regel bekanntlich nur von den Zeitungsschreibern und Journalisten hinzugethan wird. Jedenfalls ersieht man aber aus dieser Digression, wie sich sogar ein Brat-Ochse auf die Sozietät und einen delikaten Communismus beziehen lassen muß. Von dem podolischen Riesenbraten gingen wir zu den Weinpumpen, die in einem öffentlichen Garten mit Hülfe von ausgemauerten Bassins ins Werk gerichtet waren. An einem andern Orte sprang sogar eine Fontaine von rothem Wein wie ein Blut, das dem lebendigen Erdenleib entquoll. Daß die Leute sich nicht faul finden ließen, mit Hüten und Gefäßen aufzufangen, was hineinging und nicht hineinging, kann man sich denken. Wer sich indeß begnügte, die gierige Schnauze einen Augenblick an das Fontainen- oder Pumpenrohr zu halten oder aus der hohlen Hand schnell zu trinken, kam profitlicher weg wie die habsüchtige Industrie mit Hüten und Töpfen. Denn wo es auch endlich einem geglückt war, sich sein Gefäß voll zu füllen, da schlug es ihm die Mißgunst und der Muthwille alsbald aus der Hand, daß der Gewinnst wieder ins Bassin zurückfließen mußte, um bescheidnere Leute zu regaliren.

Von Anfang hatt' ich mich des Todes verwundert. Als mir die Wundergeschichten aber Schlag auf Schlag so knollig über den Kopf wuchsen, oder als sie, eigentlicher gesagt, so mir Nichts dir Nichts aus der Erde sprangen, daß ich Wein für Wasser fließen sah, da wurde ich dreihärig und verdrießlich und wunderte mich allem Wunder zum Trotz gar nicht anders mehr als für alle Tag, was aber, nebenbei gesagt, heut zu Tage einen Wundertag gelten könnte.

Solches Alles trug sich am Vormittage zu; am Nachmittage kletterten die Gassenjungen und die Turngenies unter dem Volke an aufgerichteten und glatt gehobelten Mastbäumen, die, wie ich hörte, im letzten Stadio noch mit schwarzer Seife bestrichen waren, nach den auf der Spitze ausgehängten Herrlichkeiten in die Höhe. So oft nun ein Junge oder ein ausgewachsenes Menschenkind einen mißglückenden Emporversuch machte, oder nahe dem hochragenden Ziel wiederum mit leerer Hand und ermatteten Lenden herabrutschen mußte, gab es ein Volksgelächter. Mir erschien das Schauspiel von A bis Z fabelhaft schön.

Dies waren aber nur die tagesprofanen *hors d'œuvres* dessen, was die Nacht bringen sollte, denn diese ward durch die großartigste Erleuchtung und Feuerwerkerei zu einer wahren Feerei und zu einer Mährchen-Wirklichkeit aus tausend und einer Nacht, zu einem Beiramfeste gemacht, an welchem selbst die konstantinopolitanische Polizei sich mal geduldig und rechtgläubig die freie Übersetzung der Werkeltagsprosa in die fabelhafteste Traum- und Mährchenpoesie *con amore* gefallen läßt.

Das Tageswunder der Weinfontaine hatte mich gleichsam verschnupft, weil die baare handgreifliche Verwirklichung des kaum möglich zu denkenden der Einbildungskraft fast Nichts mehr zu schaffen übrig ließ. Als aber mit der ersten Illumination, die ich nun erlebte, mir eine ganz unerhörte Welt und Potenz von Zeichen und Wundern aufging, da schmolz mein kalter Trotz wie vor der Märzsonne ein Schnee, und ich stürzte mich also mit Leib und Seele, und so zu sagen, mit Stiefeln und Spornen in das meinen innern und äußern Sinnen neu aufgethane Weltreich einer Daseins-Mystik und Geisterpoesie, gewoben aus Licht und Finsterniß, aus einem Feuer-

Meer von Millionen orangeglühenden Lampenflammen auf dem Hintergrunde einer rabenschwarzen, köstlichen Nacht.

Was aber selbst großen, gereisten und luxuserfahrenen Leuten imponirte, das waren ungeheure Pyramiden von Brettergerüsten auf großen Plätzen errichtet und so reichlich mit Lampen besteckt, daß sie wie gediegne Feuerberge weit umher leuchteten; auf ihren Spitzen aber züngelten wie von einem Pharus mächtige Flammen aus kolossalen Feuerbecken in die Schauer des sternenlosen Himmels, der von Leuchtkugeln und Raketen durchflogen ward, wie von Kometen und allerlei Meteoren kurz vor dem Untergange der Welt. Das waren mal Geschichten, das war eine Douche von Wundern über Leib und Leben, ein Untertauchen ins Reich der Fabeln und Mährchen-Poesie.

Aber es war dasmal auch mein apartes Verdienst, daß ich all die Herrlichkeit so recht nach Herzenslust und sogar mit Fahrgelegenheit beaugenscheiniget hab'.

Ein alter Freund unseres Hauses, ein gewisser Kriegesrath S., hatte eben an jenem Illuminations-Abende, ich weiß nicht mehr aus welchen Gründen, die größeste Eile, einen geistlichen Herrn aufzufinden, über dessen Wohnung und Verhältnisse augenblicklich nur mein lieber Vater Auskunft zu geben verstand. Der gute Kriegesrath kam demnach in seiner stattlichen Equipage vor unser Haus gerasselt, um den benöthigten Ausweis zu erhalten; da er aber meinen Papa nicht zu Hause fand, so war guter Rath theuer. In dieser Noth besann man sich endlich, daß eben ich erst kürzlich von dem Vater zu dem gesuchten Herrn mit auf Besuch genommen worden wär', und daß mein Bischen Witz vielleicht Haus und Straße (obgleich ich beides weder zu benennen noch zu beschreiben verstand) in der Wirklichkeit ausfindig zu machen vermöchte.

In meiner Sehnsucht, die Illuminationsherrlichkeiten zu sehn und in dem ehrlichen Glauben, das in meine chargirte

Person gesetzte Vertrauen rechtfertigen zu können, nahm ich die Proposition und das neue Amt eines Conducteurs oder Cicerone mit Zuversicht an. Sei es nun aber, daß mich eben das unerhörte Spectakel der Erleuchtung oder das Spectakel des Gassenjubels um mein präziseres Bewußtsein gekürzt hatte, oder daß ich mich aus Politik viel dümmer anstellte, als ich war, genug, ich kutschirte und bugsirte den verzweifelnden und zackerirenden Kriegesrath, einen seelenguten, aber leichtgläubigen Mann und zärtlichsten Kinderfreund, da er sich nach jeder Täuschung doch immer wieder zu neuen Versuchen persuadiren ließ, fast durch die halbe Residenz, bevor wir beide inne wurden, daß der gesuchte Mann mit meinem Wissen und Können nicht aufzufinden sei.

Jener vergeblich gesuchte Mann aber war ein Domprobst, bei dem es mir gleich vom ersten Besuch über die Maaßen gefallen hatte. Der Mann schien ein großer Kinderfreund zu sein, denn er nahm mich trotz der Abwehr des Vaters, der es nicht leiden konnte, wenn wir Kinder irgend wie bemerkt und gehätschelt wurden, gleichwohl in Affection, und nachdem er seinen Spaß mit mir gehabt, verehrte er mir aus einem alterthümlich geschnitzten, braunen Nußbaumschränkchen mit vielen Schubläden eine reichliche Schmeckprobe von köstlichen Feigen, die mir seit der Zeit ganz verwunderlich zu Muthe machten, wenn ich bedachte, daß auch Ohrfeigen eine Art oder Ausartung von Feigen vorstellten. Denn für die Ironie des Wortwitzes hatte ich dazumal keinen Verstand.

Es war aber weder die Leutseligkeit meines geistlichen Wirths, noch seine Feigenspende allein, was mich bei dem Manne so illuminirte und so Epoche machend ergriff. Die Sache hing noch symbolischer und tiefsinniger zusammen. Schon als Kind zog mich die Physiognomie, das Clima und der Comfort der Wohn- und insbesondere der Studirzimmer an.

Bei diesem Probst nun ward meinem Zimmersinn gewissermaßen das letzte Siegel gelöset und der Vorhang hinweggezogen vom Allerheiligsten eines höhern Stubencomforts.

In den Häusern vornehmer Leute und jüdischer Bankiers aus des Vaters Bekanntschaft hatte ich gelegentlich Pracht und Reichthum in Möbeln und Zimmerdekorationen, in allerlei Geräthschaften, Luxusgegenständen und üppigen Lebensarten zur Schau gestellt gesehn, davon war aber nur meiner Verwunderung und Neubegier, nicht aber meinem Gemüth, nicht meiner sittlichen Einbildungskraft ein Genüge geschehen. Bei diesem Geistlichen war das ein Anderes, das empfand ich, wie ich über die Thürschwelle trat.

Ein mysteriöses Helldunkel und ein kühler, imponirend vornehmer Duft so recht wie in Palästen, von Cederngetäfel, von Marmor und Ölgemälden ausgehaucht, welche letztere alle Wände einer zusammenhangenden Zimmerreihe mit offenen Flügelthüren ausschmückten, stimmte die Seele in der lautlosen Stille und Einsamkeit des Hauses wie zur Andacht und ließ den stattlichen Hausherrn in seinem langen, schwarzseidnen Kaftan, mit weißgrauen Haaren auf dem Scheitel, als den hohen Priester dieses Heiligthums erscheinen. Die schönen, alle Fußböden bedeckenden Teppiche, die köstlichen Schränke und alle andern Mobilien von Nußbaum- und dunkelbraun gewordenem, massivem Mahagoniholz, harmonirten mit den räumlichen und klimatischen Verhältnissen und mit allen andern Elementen der Behausung, gleich wie mit der persönlichen Erscheinung des Hausherrn selbst. Kurz, ich empfand, wenn auch nur dunkel und instinktmäßig, so doch nachdrücklich genug, um es nie zu vergessen, daß hier eine Harmonie von vielen Einzelheiten sich zu einer wohlthuenden Totalwirkung vereinigten, deren lebendiger Mittelpunkt eine bedeutende und imponirende Persönlichkeit war.

Die Substanz und die Seele alles Lebens, meine ich, ist von Hause aus und von Kindesbeinen im Menschen die eine und dieselbe. Alle Lebensfühlungen und Lebensarten, alle sittlichen Energien sowohl wie die religiösen und poetischen Elemente der spätern Bildung und Existenz zucken, schlummern, träumen und schlafreden im Herzen, in der Phantasie, in allen innern und äußern Sinnen des Kindes, in seinen Spielen und Schulhistorien, wie das Blatt in der schwellenden Knospe oft schon vollständig, wenn auch maienzart entwikkelt; und wenn ich mir heute mit gereiftem Verstande den Eindruck von dazumal zurückrufe, so finde ich schon aus zarter Kinderzeit einen Beleg für eine mir längst festgewordne Überzeugung, daß die moderne Geschmacksprüderie, indem sie dem nüchternsten Formenverstande und seiner Convenienz jede Natur und Originalität, ja jede tiefere Seelenregung und Herzensbewegung zum Opfer bringt, auch zugleich eben deswegen alle Poesie und lebendige Physiognomik aus dem Leben, der Kunst und den Culturgeschichten verbannt.

Von meinem Kriegesrath muß ich aber noch Etwas erzählen. Sein gutes Herz verzieh mir bald genug, und da er, wie schon gesagt, ein schwärmender Kinderfreund war, so lachte er zuletzt über die Irrfahrt am Illuminations-Abende und legte mir Alles für Mutterwitz aus.

Der Mann war notorisch ein steinreicher Mann. Ich hörte das oft und zerbrach mir dann stillschweigend den Kopf, was denn die Steine mit dem Reichthum zu thun hätten? Auf Demant und Edelsteine fiel ich aber nicht, weil ich bei allem Hange zur Reflexion und Kritik doch im Grunde genommen ein phantastischer Patron und ein unpraktisches Subject war, dem das Nächste allemal ferner stand wie das, was durch die Phantasie abgelangt wird. Die Bedeutung und Existenz der Sprichwörter und sprichwörtlichen Redensarten hat mir überhaupt viel Skrupel zuwege gebracht, und Fragen war einmal nicht meine Sache und in unsrer Familie deshalb nicht sehr Gebrauch, um Nasenweisheit und Frühreife zu verhüten; besonders aber um meinem Hange zur Reflexion nicht noch mehr Nahrung zu leihn, da die Erfahrung gelehrt hatte, daß ich von einem Thema eben durch Frag und Antwort auf hundert Dinge und aus dem Hundertsten ins Tausendste kam, also beim Schluß der versuchten Belehrung, Aufklärung und Beruhigung erst recht vollgepropft und erhitzt von Vorstellungen war, die, kurz und gut, über meinen Horizont gingen und die begehrte Lösung nicht gestatteten.

Ad vocem des Reichthums. So war das auch so eine Lockspeise und ein gefundnes Essen für meine Phantasie. Was dachte ich mir nicht Alles unter einem steinreichen Mann! Der hatte Silber und Gold in allen Kisten und Kasten, und alle Taschen voll Dukaten. Die harten Thaler nicht zu vergessen, die sich bei ihm herumtreiben mußten, wie bei andern Leuten die schlimmen Schillinge kaum. Das eigentliche Bergwerk und der Schatz aber war im Keller oder in einem geheimen Gewölbe tief unter der Erde versteckt. Denn Alles hatte so ein reicher Mann im baaren und blanken Geld. Von einem Credit, Zins und Vertrieb oder einem papiernen Äquivalent des edlen Metalls hatte ich natürlich nicht die blasse Idee. So war denn all mein Sinnen, wenn ich mal bei dem reichen Mann mit zu Besuch war, darauf gerichtet, irgendwie und wo mal so einen von seinen vielen Kasten mit Dukaten oder harten Thalern zu ersehn. (Was ich mir bei dem Epitheton hart oder Reichs- denken sollte, brachte ich auch nicht heraus.) Endlich, da meine Neugierde all meine kindliche Schüchternheit überwuchs, steckte ich mich hinter die alte Hausdame des Crösus (denn der Mann lebte ledig) und ging sie inständigst an, mir doch nur einen Augenblick in einen Geldkasten vergönnen zu wollen, ich würde bei meiner Seligkeit nichts weitersagen und nimmermehr was entwenden.

Die gute Frau schien anfänglich ganz erstaunt über meine Idee, weil sie vielleicht ein Stadtgerücht oder eine Intrigue von Erwachsenen dahinter argwöhnen mochte; als sie aber von meiner Unschuld und Phantasterei überzeugt war, so trug sie höchst belustigt die Geschichte dem Schatz-Inhaber vor, der, nicht minder erbaut, mich sofort durch Vorzeigung einer wirklich kostbaren Münz- und Medaillensammlung in Gold- und Silberstücken entschädigte und ergötzte, bei einer andern Gelegenheit aber vor meinen erstaunten Augen plötzlich und bevor ich mich dessen versah, eine ganze Schachtel mit blinkenden holländischen Dukaten auf den Tisch schüttelte.

Meine Gold- und Geldgier hatte ich also gebüßt. Für mein Leben gerne hätte ich aber noch im Golde mit beiden Händen herumwühlen mögen, nicht aus Habgier und Geiz, denn der Gedanke an die Anwendung des Geldes und an seine irdische Macht lag mir fern, sondern aus Phantasiegelüst und um mir ein gehörtes Mährchen zu verwirklichen, in welchem es Dukatenhaufen wie Düngerhaufen gab.

Unser steinreicher Kriegesrath war überhaupt ein Mann, ganz gemacht eine Kinderphantasie zu occupiren. Er wohnte in einem palastähnlichen Hause, in einem abgesonderten, stillen Stadttheil, mit einer alten Verwandten und einem Pflegesöhnchen, scheinbar abgeschieden von der Welt. Die Bedienung ging in den fürstlich eingerichteten Zimmern, Sälen und heimlichen Boudoirs ganz geräuschlos von statten; denn der seiner Lectüre, seinen Studien und Steckenpferden ausschließlich lebende Privatmann liebte Ruhe und Einsamkeit über Alles, wiewohl er mit Kindern und auserwählten Freunden eben so gern Kurzweil und Lachproben hatte und mit köstlichen Bewirthungen nicht knausrig war.

In seinen mit Gemälden dekorirten Zimmern sah man überall Seltenheiten aus allen Naturreichen und Welttheilen zur Schau gestellt, und sein Studirzimmer war von Statuen,

Gemälden, Vasen und Antiquitäten gepfropft voll. Doch ließ sich der gute Mann über die Maaßen ängstlich und peinlich finden mit seiner Toilette sowohl wie mit seinen Raritäten, und so gut er den Kindern war, so schwer erwarb man die Erlaubniß, in das Allerheiligste seiner Kunstschätze einzudringen, weil er, selbst wenn man die Arme fest am Leibe hielt, immer noch zu befürchten schien, man könne was von seinen Allerweltsherrlichkeiten antasten und herabwerfen, oder von den tausend gar nicht mehr zu kontrolirenden Kleinigkeiten was eskamotiren mit fünf Fingern und einem Griff.

Vielleicht mochte er auch ganz insbesondere meiner gar zu lebhaften Imagination nicht recht trauen, die bei Kindern nicht selten die Wehmutter eines Diebsgelüstes wird. Ich hab ihm aber bei Gott Nichts gemaust und in jenem zarten Alter keine Galgenleidenschaften auch nur im Embrio verspürt.

Die Welt bewunderte in meinem lieben Kriegesrath einen Virtuosen auf dem Pianoforte, das er mit einem Gebärdenspiel zu begleiten pflegte, welches mich mehr in Anspruch nahm, wie die Musik selbst, weil ich durchaus nicht begreifen konnte, wozu denn dergleichen dienlich oder nothwendig sei. Was mich aber noch unendlich mehr interessirte, das waren zwei kostbare Flötenuhren aus London oder Paris, in Gestalt von Schreibsekretairen, die ihre Arien und Tänze zum Besten gaben, wenn man eine Schieblade herauszog. Ihr Eigenthümer war nun mal ein Liebhaber von Curiositäten aus allen Sphären der Kunst, des Menschenlebens und der Natur. Vielleicht war ich selbst nur um deßwillen sein Favorit, weil ich so ein kleines, kurioses Menschenkind war.

Sei ihm nun, wie ihm wolle, Gott verleih' ihm eine fröhliche Auferstehung am Tage des jüngsten Gerichts, denn meine Kindheit verdankt ihm viel glückliche Stunden und mein ganzes Leben eben so viele Erinnerungen an himmlische Lebensarten, die zusammt jenen Flötenuhren längst flöten gegangen sind. Auch diese Redensart hat mir eben so viel im Kopfe zu schaffen gemacht wie das Wunder der Flötenuhr in meiner Imagination.

Das Lustigste ist aber noch dies, daß ich mit der Etymologie und dem Witz der Redensart bis zu dieser Stunde nicht vollständig im Klaren bin*). Ich habe aber zu meinem Herzenstrost noch viel originellere Dummheiten *in petto*, und favorisire sie durchaus. Dummheit scheint mir in der That ein zu gemüthliches, ein zu naives und zu gutmüthiges Bewußtsein, ein zu seltnes und liebenswürdiges Besitzthum, um sich dessen namentlich in einer Zeit ganz zu entäußern, wo kein Mensch mehr die kleinste Schmeckprobe von Dummheit zum Traktament geben will.

Aber nicht bloß das Haus des Freundes meiner Kindheit, sondern ganz Warschau zusammt seinen Umgebungen war ein Schauplatz, wie er für lebhafte Kinder nicht köstlicher gewünscht werden kann.

Warschau und die Lebensarten daselbst zu preußischer Zeit

Man denke sich eine ganze Stadt fast von Kirchen und Palästen, mitten inne öffentliche Pracht-Gärten, freie Plätze und begitterte Pracht-Räume vor den Palästen. Man denke sich diese Scenerie belebt von allen Spectakeln des orientalischen Luxuslebens, eines Adels von königlichem Geblüte, von Woiwoden und Starosten, die, wenn auch ohne politische Bedeutung, ihre frühere Herrlichkeit und Gewohnheit nicht vergessen und ihre Reichthümer noch nicht verloren hatten. Auf den Gassen und Markt-Plätzen immerdar ein Gewimmel von Schacher-Juden, Soldaten und national gekleideten Edelleuten vom Land, von Fremden, von politischen Abentheurern, Glücksrittern und Virtuosen aus allen Sphären und aus allen Enden der Welt. Ein Babel von allen Sprachen und ein lebendiges Museum von allen Lebensarten und Trachten in Europa, um nicht zu sagen, in Asien und Afrika; denn auch von daher waren die Proben nicht selten in Zigeunern, Russen, Türken und Armeniern, und auf einer Staats-Equipage saß sicherlich ein Mohr. Desselbigengleichen zwischen russischen Kibitken und zwischen Karren mit blaugrauen podolischen Ochsen bespannt, jagende Doroschken und Prachtkutschen, zuweilen mit Laufern vorauf und mit fahrendem oder berittenem Gefolge wie mit einem Kometenschweif angethan; hinter und vor jedem zu Fuß stolzirenden Edelmann oder auffallend gekleideten Fremden aber ein Andrang von Juden, Faktoren, deren Jeder seine Dienste, Waaren und Wissenschaften rekommandirt. In allen Straßen Ungarwein-Kneipen, Kawiarnien (Kaffehäuser) und Restaurationen auf Flaczki und

Zrases (eine Art Beefsteaks oder polnischer Klops). Für die Bürgerklassen Gartenvergnügungen, Bierhäuser auf Luftbier und süßes Haferbier (mit Zucker und Reismehl zum Moussiren gebracht). Vor allen Hotel-Portalen, in allen Durchgängen, in allen Winkeln, auf allen Plätzen Obst-, Wurst- und Brotbuden, Buden mit warmen Volksmahlzeiten, dann wieder mit Pfefferkuchen, mit Makagigi (Mohn mit Honig zu kleinen Plätzchen gebacken), mit Johannisbrot, Apfelsinen, Feigen, Datteln und Lambertsnüssen, Schnaps- und Methschenken aber für Juden- und Christenpöbel eine Million! *Oj da dana dana* juchzende Bauersleute und kleine Schlachtschitzen (*drobna szlachta*) die ganze Welt voll. An Sonn- und Feiertagen eine wogende See von gleißend bunt geputzten Landleuten hinter all den Kirchenprozessionen mit Fahnen und tragbaren Mutter-Gottes-Altären und mit brennenden Wachskerzen unter Glocken-Geläut. An allen Werkeltags-Abenden auf allen Gassen die Schimka und scharmanta Kathrinka, das ist: Leierkasten, Guckkasten, Schattenspiel an der Wand, Puppentheater hinter dem Schirm. In allen Kneipen Bierfiedler und Juden-Musik, besoffne Mazurken und Krakowiaken, was die Absätze und Lungen herhalten wollen. Zur Abwechslung mit all dem christlichen Spectakel auch noch Juden- oder Zigeunerhochzeiten, wenn die Bauernhochzeiten eben ausgingen. Endlich als Intermezzos Hinrichtungen, Mord, Prügeleien und Spitzbuben-Geschichten ohne Abreißen, die Kriegs-Occupations- und Einquartirungs-Historien nicht zu vergessen. Und zu dem Allen eine liberale, mitlebende, stets bestechliche Polizei. Das war mal eine Wirthschaft, das war ein Leben, das war der Himmel auf Erden, wenn man da so mitten drunter und drinnen sein konnte! Und das machte sich für meine neugierige und auf Abentheuer stets erpichte Kindheit durch Vermittlung des Gesindes, der ältern Geschwister und der mancherlei Hausfreunde ganz wundervoll und wie von selbst!

Mein Vater war Stadtgerichtsdirektor, zugleich Anwalt und Notar, er hielt eine große Kanzelei, und wir hatten ein apartes Haus und Hinterhaus inne, mit Stallungen und Remisen, auf dem *Tlomacki*-Hof. Wir hatten ein Landgut, eine Stadtequipage, Kutscher und anderes Gesinde, und auch die Hausofficianten thaten mir schon einen Gefallen, da ich hinterdrein von den Abentheuern kurios und lebendig genug zu berichten verstand, und im Nothfall wußt' ich sogar meiner Mutter Amme, der alten Neumann, meine ordentliche Pflegemutter, so lange zu persuadiren, daß sie mit mir ging wohin ich wollt'. Ach, es war eine bunte, eine köstliche, eine überall aufgelöste Zeit!

Jedermann vom Ersten bis zum Letzten, Kinder und große Leute, Herren und Diener, Fremde und Einheimische schienen stillschweigend darin übereingekommen und nur der einen Lebensphilosophie beflissen, daß eben eine Übergangs-Zeit, eine Interimshistorie absolvirt und ausgefüllt, daß von der Oberfläche geschöpft und schnell gelebt werden müsse, ohne viel Vorbereitung, Sittlichkeitsskrupel und Pedanterie. Eine alte Zeit war von Napoleon, dem welthistorischen Philadelphia, vollends kopflos gemacht, eskamotirt und über Seit gebracht worden, und jetzt spekulirte der moderne Saturnus auf die altgläubigen, altbackenen Deutschen und ihren historischen Zopf. *Scilicet*: die Zöpfe hatten sie sich wohl Skandals halber abgeschnitten, aber der eine Zopf, der Urzopf, den ihnen der deutsche Gott und die deutsch vorsündfluthliche Welt-Geschichte gemacht hat, der hing ihnen hinten wie von Anbeginn, und der konnte dem heroischen Toilettenkünstler eben so wenig Stich halten wie die Zöpfe und die Herzen, die dazumal vor dem Helden von Europa bekanntlich allesammt in die Hosen fielen. Das fühlten Alle, und so verzweifelte, resignirte, verbrüderte, übertäubte, entpuppte oder verpuppte man sich. Alles das je nach Lebensalter, Temperament, Bildung, Aussicht, Ansicht, Einsicht, Zuversicht, Courrage oder Desperation.

Wie meine lieben Eltern und großen Geschwister gesonnen und gestimmt waren, könnte ich nur aus fragmentarischen Äußerungen späterer Zeiten und aus einem Allerlei von farbenschillernden Eindrücken sehr unzuverlässig erspekuliren, darum mag es auf sich beruhn; aber so viel kann ich wohl mit Bestimmtheit vermelden, muckerhaft, pedantisch, sittenrichterlich, schismatisch und kopfhängerisch waren meine Eltern keinen Augenblick ihres Seins. Für Reformatoren und Propheten hielten sie sich auch nicht. Zum schlappen *juste milieu* gehörten sie nie, und so werden sie wohl nicht schlimmer wie die Schlimmsten und auch nicht besser wie die Besten gewesen sein.

Aber das lohne ihnen Gott im Himmel, daß sie mich durch ihr Beispiel Kameradschaft und Menschen-Liebe lehrten, daß sie nicht umgangsekel mit Volk und Gesinde thaten, und sich von meinem Gassen- und Gesinde-Verkehr keine Vornehmigkeit affectirenden, sittlichkeitsprüden Pädagogen-Skrupel ergrübelten, sondern nach Möglichkeit meinen natürlichen Inklinationen und allen unverfänglichen Gelüsten und Natur-Geschichten in mir so lange den Zug ließen, bis es eben an der Zeit war, am Steuer mit einem guten Ruck die vernünftige Laufbahn und Lebensart zu markiren. *Probatum est*, es hilft gewiß, wenn man die Natur nicht vornherein zum Narren macht, mit einem sublim ausgeklügelten Popanz von gefaselter Objectivität, von Schulvernunft und leidiger Convenienz.

Lazienki, ein Lustschloß und mein Luftschloß

Um mich aber in die Abentheuer von Warschau retour zu stürzen, so muß ich bemerken, daß, was ich davon vermeldet, nur eben den exoterischen Theil betraf. Das esoterische und hochpoetische Element faßten Warschaus Umgebungen in sich: die mit asiatischem Luxus ausgestatteten Königs- und Fürstenschlösser Lazienki, Krulikarnia, Mokotow, und das mit Hülfe von Türkensklaven durch Sobieski erbaute, mit köstlichen Gemälden ausgestattete Wilanow. Da war und ist heute noch mehr zu sehn, als ein großer Mensch leicht zurechtfleien kann, wenn er kein Europa vermüdeter, blasirter Moderner sein will. Wie konnte ich also mit dem kindlichen Auftakt von Idealismus und Leidenschaft solche Natur- und Kunstgeschichten bewältigen, oder wie soll ich die damaligen Seelenprozesse heute noch, wenn auch nur im leisesten Nachklange wiederzugeben verstehn! Stammeln, stottern und kreidezeichnen will ich ein Bischen, vom Illuminiren kann nicht die Rede sein.

Meine erste Bekanntschaft mit diesen Lustschlössern und Potentaten *in effigie* waren wahrhaftige Feenmährchen und *Rendez-vous* von armen Sterblichen mit Wesen von unsterblichem Geschlecht. Mehr konnte auch Muhamed nicht erfahren haben, als ihn der Engel Gabriel, beim Schopf haltend, durch alle sieben Himmel trug.

Lazienki (Bäder auf Deutsch) lag zur Zeit meiner Kindheit in einem herrlichen, finstern Walde von Buchen und Ahorn. Auf einmal öffnete sich das heilige Dunkel, und wie im Feenzauber stieg das Sommerschloß leicht und fabelhaft empor aus Fontainen und Wassern, die seine Substructionen rings umflossen, in Wänden und Mauerwerken aus mächtigen Quadern von Stein. Da gab es wasserspeiende Löwen, Tritonen und Najaden, eine Reiterstatue Sobieskis und ein Theater im Freien mit einem Amphitheater wiederum von Stein und mit Marmor-Figuren geschmückt. Und was waren nicht für Herrlichkeiten im Schlosse selbst zu beschauen! Welch' ein mystisch-mährchenhafter Duft von köstlichen Hölzern und Stoffen, welche Pracht und Kostbarkeit in Gemälden, Statuen, Vasen, Marmorkaminen und ausgelegten Fußböden im Parket, was für ein Augenverblendniß in wandgroßen Spiegeln, Seidentapeten und Teppichen, in Achat und Mosaikplatten, in Luxusgeräthschaften und Prachtmobilien aus aller Welt, – eine Capelle ganz und gar in den kostbarsten Marmorarten gearbeitet; was hauchte das in den heißen Sommertagen für eine erfrischende Luft!

Das waren so die Fabeln des Climas und im Großen und Ganzen die Physiognomie. Was mochte aber nicht Alles in den kostbaren Schränken verschlossen und aufbewahrt sein? Wer konnte das auch nur ermessen, wenn er zum Maßstabe nahm, was an Raritäten und Kunstwerken, an kleinen Krystall- und Porzellanfiguren, an Toilettenkästen, seltnen Conchilien, Familienantiquitäten, was an tausend kostbaren Schnurrpfeifereien und heut' sogenannten Nipptischsachen überall umher lag?

Ach! was hätte ich darum gegeben, nur einen von den geheimnißvollen Schränken und andern Behältnissen öffnen zu dürfen, und gleichwohl war ich schon von dem berauscht, was ich in Wirklichkeit sah. So arbeitet die Phantasie unaufhörlich hinter Thüren, Schlössern und Vorhängen, auch dann noch, wenn das Halbe mehr bedeuten will als das Ganze, und das Sichtbare reizender ist als das, was versteckt worden ist. Ach! was liegt für eine Menschlichkeit in dieser Blaubarts-

Geschichte mit der verbotenen Stube, nach elf Prachtzimmern das zwölfte – ein scheußliches Mordloch! Ist nicht diese rastlose Phantasie die Mutter der Neugier, und die Neubegier das Cardinallaster des Weibes, der Sündenfall und das verlorene Paradies? – O! Lazienki, o Blaubart, o Dannebohm, wie grün sind deine Blätter, wenn ein Menschenkind phantastisch wird; denn wenn es nüchtern bleibt, so sind und bleiben es eben nur Tann-Nadeln nicht grüner als grün.

Möglich, daß auch mein Dannebohm in Lazienki steht; aber wehe dem Menschen, der keinen Tannenbaum konservirt, vielleicht nicht mal einen Weihnachtsbaum in der Kinderzeit gehabt hat! Solche Bäume sind die echten Stammbäume der Poesie und ihrer Wonnen, die bis in den Himmel hinauf gipfeln, und wer sie nicht aufzeigen kann in seinem Lebensgarten und zeitlichen Paradies, den hat die Poesie und die Freude nimmer geadelt, dem grünet und blühet nimmer der Lebensbaum, der hat nur einen trocknen Pfahl, an dem er sich eines Tages erhenken möchte, wenn er's nicht schon gethan hat vor Langerweil' und vor Lebensüberdruß. Glücklicher ist doch zuletzt Der, welcher dem Tannenbaum Phantasieblätter macht und ihn grüner ansieht als grün, verglichen mit Dem, welcher alles Grün in Grau, und grüne Waldbäume in trockne Pfähle und Stöcke und in die Bretter übersetzt, womit die Schulverständigkeit das Weltende verschaalt.

> Grau, theurer Freund, ist alle Theorie,
> Und grün des Lebens goldner Baum –

und welch' ein richtiger Takt der Natur, daß auch die Esel grau sind; denn ich meine immer, die Kerle gehören, ihrem obstinaten Charakter und melancholischen Dickköpfen nach zu urtheilen, heilig und sicher zu den Grüblern, den Vernünftlern und Weltverbesserern *a priori*; denn *a posteriori*, in Wille und That, läßt man den Meliorationen gerne ihren Lauf!

Kunst- und Lebens-Ökonomie im Kinde

Dintenzeichnungen, Kalendervignetten und sporadische *Souvenirs*

Kinderträume aus Warschau möcht' ich erzählen.

Ihr Inhalt und Gegenstand sind aber ganz gewöhnliche Dinge. Denke Jeder einen heiligen Augenblick an die eigenen Abentheuer und sich selbst!

Wenn das Leben in uns arbeitet, wenn die Seele hinausdrängt in die Welt, so wählt und mäkelt sie nicht die Objecte, sondern umwebt der Sonne gleich dunkle Wolken mit Gold und Rosengluth, und wenn die junge Liebe zum Leben erwacht, so hält sie für ewig fest, was sie zuerst ans Herz geschlossen. Würdig oder nicht würdig, das ist der Seele, ist dem jungen Herzen, ist der Andachts-Inbrunst einerlei! In der ersten Feier, dem ersten Erwachen, Sprossen, Lieben und Glauben liegt die Weihe, die absolute, die göttliche Zeugungskraft, welche himmlische und irdische Geschichten, Zeit und Ewigkeit, Geist und Materie und alle Gegensätze in eins bildet, welche jede Form mit jedem Inhalt vermählt und alle Widersprüche versöhnt.

Alles Nachgeborne, alles Hinterdreinkommende ist zeugungsunmächtig, verstandesunheilig und *pro forma*. Die natürliche Form aber ist Eins mit ihrem Substrat, und die lebendige Wahrheit, nach welcher die Creatur schmachtet, die himmlische Wahrheit, welche zum Leben und Sterben, zum Lieben und Glauben, zur zeitlichen und ewigen Glückseligkeit verhilft, und das Martyrium des Erdenlebens mit freudigem Muthe überstehen läßt; diese Leben gebende Wahrhaftigkeit in Fleisch und in Bein, in Seele und Geist, die wird nicht *ex vi formae* erhärtet, die ist kein Rechenexempel des dialectischen Schulwitzes, sondern ein mit dem besten Herzblut und Nervensaft erkauftes Resultat, das lebendige Produkt einer von Gott geführten, einer in Glaube und Liebe, in Schmerz und Freude durchkämpften Weltgeschichte und Biographie. Im ersten Erwachen, im ersten Lieben und Leben liegt die Allmacht, die Ewigkeit und der heilige Geist!

Wer das Licht der Welt auf einem Torfmoor oder im Wüstensande erblickte, der ist für Zeit und Ewigkeit an Heiden und Wüstengrund gebannt, und kein Paradieseszauber gewinnt und füllt sein Herz ganz und gar, wenn er ihn später umbuhlt.

Das ist eben das Räthsel mit dem Kinderleben und den heiligen glückseligen Erinnerungen dieser ersten Zeit.

Diese ursprüngliche, zeugungskräftige Seelenthätigkeit des Kindes, diese seine ersten Lebensenergien erwecken aus Erdenstaub Ätherseelen, die in den Himmel hineinwachsen, und darum knüpfen sich die Kinderseligkeiten an alle Augenblicke, an die gemeinsten und unscheinbarsten Erdendinge, an alle nichtsbedeutenden Zufälligkeiten nicht minder, als an die Herrlichkeiten und Natur-Spectakel der Welt. So steht mir ein feurig großer Vollmond vor Augen, auf der Heimfahrt von Lazienki zur Stadt, und dann wieder eine Schildwacht, auf der hohen Grenadiermütze ein blitzendes Blech. Und wiederum find' ich mich in einem großen und leeren Saal, auf dessen Fußboden viel Gold und Silberflitter verstreut sind, die ich mit entzückter Verwunderung in ein Schächtelchen zusammenlese, ohne begreifen zu können, wie man so kostbare Dinge so mir Nichts dir Nichts auf der Erde finden kann.

Ein andermal tummle ich mich unter dem Gerümpel in den vielen Kammern und Räumlichkeiten eines langen Hintergebäudes an meiner Eltern isolirt stehendem Hause auf *Tlomacki*-Hof, das bis zum heutigen Tage zusammt den dazugehörigen Stallungen trotz seiner Unansehnlichkeit erhalten worden ist, weil der Sage nach König Sobieski darin das Licht der Welt erblickt hat. Von meinem Bruder hab' ich behalten, daß er mal sehr aufgeregt aus der Schule kam und mit großem Eifer sich der Fabrikation von Schießpulver unterzog, zu dessen Composition ein Lehrer das Rezept herausgab. Die fertige Masse ward erwartungsvoll angezündet; aber von dem verhofften Knalleffect nichts in Erfahrung gebracht.

An überstandene Krankheiten knüpfen sich in der Regel die frühsten Erinnerungen. So hab' ich dunkel aus meinem zweiten oder dritten Lebensjahre behalten, daß ich mit Greinen und Schreien meinem Vater bei Tische auf dem Schooße saß, während er mir, so oft ich losblöckte, einen Bissen in den Hals schob, und es soll Puterbraten gewesen sein. Dann wieder lag ich zum Tode an der Ruhr und schmachtete Tag und Nacht im Wachen und Traum nach einem Labetrunk kalten Wassers; eines Tages aber trat der Vater an mein Bette, indem er mit kläglicher Stimme zu mir sagte: Na Junge, willst du denn wirklich sterben?! In den Worten tönte die Liebe herüber zu meinem todtschwachen Leben, vielleicht erstarkte es magnetisch und die Worte behalte ich bis in den Tod.

Als ich nach meiner Genesung zum erstenmal wieder Luft und Licht in mich sog, da fühlt' ich mich wie von Neuem geboren, so unsaglich schön, so himmlisch verklärt empfand ich die Welt und mein Sein.

Ich konservire auch künstlerische Momente.

Mein drei Jahre älterer Bruder brachte als Kind die langen Winterabende damit hin, auf Blättchen schlechten Papiers mit Feder und Dinte Zeichnungen hinzuklecksen, und wenn er herablassend war, so durft' ich ihm von einer Fußbank über die Schultern weg sehn, oder auf die kunstfertige Hand. Es waren immer die nämlichen, längst eingeübten Schmierereien. Ein Häuschen mit derselben Anzahl von Fenstern und einer Thür, ein Stangenzaun zu einer, eine Pumpe auf der andern Seite; denn wir selbst hatten eine vor dem Hause. Dazu als äußerster Witz eine Mannsfigur mit einem Hut auf dem Kopfe, dieser aus einer ganzen, jene aus einer halben Null mit einem Strich, und mit einem andern senkrechten Strich in die Hand des Wanderers ein Stecken und ein Stab. Alles in derselben stereotypirten, krummen und geraden Linien-Manier; aber meine Seele konnte sich nicht satt sehn an diesen Dintenlandschaften und Klecksereien, und wenn das Zeichnen seinen Anfang nahm, so hatt' ich nicht Augen genug im Kopfe, vollständigst in allen Augenblicken dabei zu sein, so wunderbar und neidenswerth erschien mir des Bruders Kunst.

Ja, daß er eine Schreibfeder in der Hand halten durfte, daß er mit ihr umzugehn wußte wie die großen Leute, daß er überhaupt ein Etwas zu Stande brachte, und nun vollends eine Zeichnung, auf der man die Dinge der Wirklichkeit wieder erkannte, das war mir Zauberei und sittlicher Prozeß! Bevorzugung, Erwachsensein, große Vernunft, Schul- und Kunst-Erudition, Majorennität, Ereigniß und was man sonst will in benannten und unbenannten Größen.

Ich hatte keine Worte, aber alle Fühlungen, und das ging am Ende natürlicher zu, als es scheint. Denn ganz kleine Kinder, mich selbst nicht ausgenommen, verkehrten ja nicht mit Dinte, mit Feder und Papier. Für uns kleine Krabaten und Herumschmutzer war die Schiefertafel, ausnahmsweise am Sonntag ein Rothstift oder eine Bleifeder parat. Der Bruder ging aber schon zur Schule, somit hatte er sein Dintenfaß, Pennal und Papier in seinem Besitz. Und mit welchen rigoristischen Begriffen von Eigenthum, von Gerechtsamen und Befugnissen überwachte, vertrat dieser Junge seine Prärogative und Überlegenheiten vor unsern angemaßten Eingriffen und unserem Diebesgelüst!

Wie gerne hätte ich nur einmal mit eintauchen und auch so loszeichnen mögen; aber das waren Acte, das litt der Bruder um keinen Preis. Somit mußte ich dies Dintenklecksen wohl als etwas Symbolisches, Sittliches und Bedeutungsvolles empfinden. Aber auch Vater und Mutter hatten ein schweres Verbot darauf gesetzt, wenn wir kleinen Kinder ein Dintenfaß und Schreibezeug anrührten; die Mutter, weil sie Dinte in der Wäsche fürchtete, der Vater, weil er Niemand bei seinen Papieren und an seinem Schreibetisch, ja nur in seiner Stube leiden mocht'.

Es ist vorbei, ich kann und werd' es nie mehr empfinden, und wenn ich mit Cornelius zusammenkartonnirte, was ich damals beim bloßen Zusehn von meines Bruders Dintenzeichnungen empfand.

Und das ging Tage, Wochen und Monden und einen ganzen Winter und einige Winter so fort, und war und blieb eine Historie, und blieb eine Andacht und Herrlichkeit, ähnlich wie den großen Leuten die Kirche und das Vaterunser. Heute ist auch das bei den klugen Leuten anders geworden. Daß Gott erbarm!

Und was hatte man damals für ein Zeug, den elendesten Holzschnitt mit der Phantasie zu illuminiren. Es war uns Kindern ein alter Kalender Preis gegeben, mit schlechten Vignetten zu allen zwölf Monaten im Jahr. Von diesen erlas ich mir ein Bild zu meiner Lieblings-Träumerei. Es stellte den Monat Januar vor: Drei Tannenbäume mußten den Forst machen, und eine Jägersfigur mit dem Hunde pirschte den Blicken vorüber durch diesen Forst; aber meine Phantasie wußte sich diesen Nimrod zu stellen, und mehr noch mußte mir der Wald Rede stehn, trotz dessen, daß er nur hinter den Coulissen stand. In sein Geheimniß bohrte ich mich mit meinen Augen, mit meinem schaffenden innern Sinn, und ließ nicht eher ab, als bis ich leibhaftig vor mir sah, was ich jeden Herbst ersehnte: einen Wintertag in allen Humoren seiner nordisch-fabelhaften Natur, in die ich trotz einem Steffens verliebt war bei Tag und bei Nacht.

Das Becker'sche Noth- und Hülfsbüchlein,

und die

Ausdeutung seiner Titelvignette mit kindlichem und mit politischem Humor

Vorauf eine Wintermummerei

Ich hatte noch keine größere Reise zu Schlitten gemacht, und auch das sollte mir zu Theil werden. Ich erfror unterwegs die Nase, das war eben der abentheuerliche Antheil an einer Geschichte von Eis und von Schnee. Im ersten Augenblick war ich bis zum Tode erschrocken, denn ich dachte nicht anders, als so ein abgefrorenes Glied könne nicht weiter mitspielen und müsse in kürzester Frist aus der Gesellschaft des Antlitzes sich verabschieden, falls es etwa dazu gehört. Nachdem aber meine weißgesteifte Nase durch Schnee wiederum ihrer naseweißen Lebensart in Roth zurückgegeben war, kam ich mir um kein Geringes mündiger und merkwürdiger vor. Der Winterpracht und Reiseherrlichkeit that aber die ausgestandene Fatalität vollends keinen Abbruch in meiner Phantasie.

Heute noch ist mir so ein Wintertag fast unter allen Umständen das erbaulichste Naturspectakel und ein unergründlicher Gotteshumor. Als eine solche halbkuriose und halbschauerliche Mystik und Maskerei empfand ich aber die winterliche Jahreszeit schon dazumal.

Die Natur hat dann in der frischen Luft, wie auf der unermeßlichen Schneefläche, so etwas Reinliches und Aufgeräumtes, zugleich so etwas Vereinfachtes, Entschiedenes und Determinirtes, als wolle sie mal alle Umstände mit Menschenkindern gleichwie mit den Creaturen des Feldes bei Seite, sich selbst aber in Positur und Respect gesetzt sehn. Die beschneiten Berghöhen und Wälder kommen mir dann wie eine dickgepuderte Allongeperücke, die blanken Eisflächen wie die stieren Glasaugen, und der schneidende Frost wie die strenge Amtsmiene und Grandezza seiner gestrengen Herrlichkeit des Winters vor. So ist es mir einen Augenblick, und im nächsten Moment ist all diese Unerbittlichkeit und Grausamkeit eben nur eine Mummerei, all der Schnee nur ein gemüthlicher Pudermantel, und die gefrorenen Seen und Flüsse, die erstarrten Baumriesen, die überglaseten Zweige und Pflanzen-Reste, all der bittre Frost und Reif nur eine vorgenommene Maske, hinter welcher der Sommer mit den undankbaren Erdenkindern seinen Jokus treibt, um sie als Frühlingsgott zu überraschen, nachdem sie in der Wintertyrannei ihre sommerliche Schläfrigkeit und ihre Herbstes-Müdigkeit gebüßt. Todesgedanken kann ich nun einmal dem frischen, rührigen, raschen, gestrengen, knurrenden, humoristischen, unter der Decke arbeitenden, Frühling träumenden und neues Leben vorbereitenden Winter nicht abverstehn.

Der Tod schleicht matt und müde, melancholisch, ungetreu, Leben ausläutend, Scheideblicke werfend, wie der Herbst mit seinem matten Sonnenspiegel, seinem Lichtgeflimmer und seiner Verklärung aus schwindsüchtigen Augen es thut. Ein Bild der Kraft und Rüstigkeit, des ehrlichen Ernstes, der gutgemeinten Kurzweil, der offenen Fehde, des Metamorphosenspiels und der lebendigen Wiedergeburt der konzentrirten nordischen Lebensarten unter rauher Rinde, die vom Sonnenstrahl zerfließt, – das ist der Winter und seine poetisch symbolische Natur.

Aber schon um des Contrastes willen mit dem heimlichen Stubenleben war mir der Winter eine Leben vertiefende, aber keine umbringende Jahreszeit, und diesen meinen Philister-Sinn bildete ich ein Paar Jahre später an dem Titelholzschnitt zum Becker'schen Noth- und Hülfsbüchlein aus. Man erblickt daselbst in einem höchst gemüthlichen Cabinet den

Gutsbesitzer, Freiherrn von Miltenberg wenn ich nicht irre, mit dem Pastor *loci* ganz heimlich und gemüthlich an dem altväterischen Kachelofen sitzend, und wie die Geschichte und Erklärung des Bildes vermeldet, in tiefe Gespräche über Gott, Unsterblichkeit und Menschenschicksale versenkt. Auf einem Feldtischchen mit gekreuzten Füßen brennt mit ruhiger Flamme ein unschuldiges Talglicht seiner Endschaft entgegen, und die kalknen Pfeifen harmoniren und dampfen wahrscheinlich mit dem Unschlitt in die Wette. Das gibt dann das echte Winterstuben-, Philister-, Kinder- und Conversations-Clima von Anno Anno, wo der große Wind ging, und die schönen Winterhistorien noch wie die Ananas auf ihrem Treibhaus-Mist gediehen. An der Wand war auch eine Stubenuhr zu betrachten, in einem Uhrkasten von der Decke bis auf den Grund. Der Zeiger stand und steht heute noch, glaub' ich, auf halb Sieben, eine verheißungs- und sinnschwere Abendstunde, weil in Aussicht auf baldigen Nachtimbiß und mit der deutschen Nebenbedeutung, daß sich ein gemüthlicher Bruder Michel um halb Sieben schon einen kleinen Haarzopf zu dem großen getrunken haben muß, der ihm auch nüchternen Muths im Genicke hängt, um nicht zu sagen einen Spitz, da ein dergleichen auf dem Bilde bereits vor der Wanduhr und in Träumen daliegt, die Schnautze zwischen die Hinterbeine gesteckt, wie es sich für die Wächter der altmodigen Zeit und Weltgeschichte schickte, die vor allen Dingen das von der Lebens-Ordnung gefaßt hatten und exemplificirten, daß kein Mensch seine Nase wo anders hineinzustecken habe, als in seine eigne Parthie, und sollte das auch die Hinterparthie sein.

So ungefähr würde der modern politische Verstand meinen Holzschnitt ausgedeutet haben. Aber ich brauche wohl nicht weiter zu expliciren, wie er von meiner unpolitischen Kindes-Einfalt illuminirt und überdichtet ward. Und gewiß ist mir seit dieser kindischen und kindlichen Weise einen Holzschnitt zu imaginiren, so viel klar, daß ohne die subjective Kunst einer poetischen Einbildung und Transsubstantiation keine objective Dicht- und bildende Kunst statt haben und lebendig werden kann.

Heiligenbilder, Spielsachen und eine Rarität

Was meine bildende und einbildende Kunstsinnigkeit betraf, so trieb ich es mit den Gegenständen der Skulptur, ganz wie mit denen der Malerei, und konnte somit in keiner Weise um die Kunst gekürzt werden. Bevor ich aber von der Plastik in Puppen und Steckenpferden erzähle, muß ich noch einer Bilderpracht gedenken, die eben Warschau im Unterschiede protestantischer Städte eigenthümlich gehört. Es sind die kleinen und großen Heiligenbilder auf Leinwand, Papier und auf Glas, die zumal bei Bürgersleuten und Professionisten in den Stuben und über den Betten einen Heiligen-Staat machen. Dann gab es aber auch kleine Bildchen auf kunstvoll gepreßtem und wie Spitzenzeug ausgeschnittnem Papier, mit gleißenden Farben und Metall-Folien illuminirt, die in die Gebetbücher gelegt werden und nicht selten an der inwendigen Seite der Kofferdeckel und der Waschschränke befestigt sind. Und sie waren es, die mich vollends zu Gesichten verzückten und mir als das köstlichste Besitzthum erschienen, was es für arme Sterbliche hienieden geben könne.

Unsere Dienstleute hatten an diesen Kunstschätzen keinen Mangel, und somit verfehlte ich denn nicht, mich bei ihnen alsbald einzufinden, wo ich sie nur an ihren Kisten und Kasten ersah, in denen sie, zumal an Sonntagen, ihre Siebensachen durchwühlten. Außerdem fühlte ich schon als Kind so einem armen Dienstmädchen die Poesie und Augenweide in der Seele nach, die sie sicherlich haben muß, wenn sie vor den Paar Habseligkeiten verweilen darf, die ihr einziges Besitzthum und ihren leiblichen Trost ausmachen, nämlich ihre körperliche, durch saure Arbeit, oft durch wirkliche Sklavendienste erworbene Bekleidung. Von solchen Empfindungen und sittlichen Genugthuungen weiß der bemittelte oder in Üppigkeit lebende Mensch, der Nichts durch Händearbeit und in Aufopferung seiner Freiheit erwirbt, freilich nichts, aber unser Herr Gott weiß Alles und kennt darum auch die Andacht, die Poesie und die sittliche Repetition der Lebens-Geschichte, die in dem Koffer einer armen Dienstmagd mit verschlossen liegt, und am Tage des jüngsten Gerichts zugleich mit dem verschlossenen Gewissen tyrannischer Brotherrschaften geöffnet, gerichtet und Rede gestellt werden wird.

Mir wenigstens ist bei so einer ärmlichen Habseligkeit allemal trübselig und leutselig zu Muthe, und ich halte die Lade so einer hülflosen Dienstsklavin mehr für einen Gegenstand der menschlichen Theilnahme, als das Juwelenkästchen einer Prinzeß. Denn dort sind Thränen, hier nur Perlen und Diamanten verwahrt.

Ich wollte aber noch Etwas von Skulpturen erzählen. Die erste Bekanntschaft mit Bildsäulen machte ich in den katholischen Kirchen. In der einen war auf einem eigens dazu hergerichteten hohen Gerüst die Kreuzigung Christi in Figuren von anderthalb Fuß Höhe dargestellt. Viel Volk und Reiter mit Speeren umgaben den Heiland und die beiden Schächer. Unter den brausenden Orgeltönen belebte sich in meiner Imagination die hölzerne Darstellung zu einer Wirklichkeit in Fleisch und in Bein, und ich träumte Tage lang davon, wo ich ging oder stand, bis ein neuer Eindruck den alten in Schatten stellte, und das geschah in einem Spielzeug-Laden bald hinterher. Es war der erste, den ich mit Muße und in solcher Ausstattung zu Gesichte bekam. Kaum traute ich meinen Augen, so heftig ward ihnen von diesen Spielsachen mitgespielt. Aber Eines eroberte mich in Ausschließlichkeit, wie das immer zu sein pflegt, wo auf unser Herz Sturm gelaufen wird, und dieses Erkorene war ein mächtiges Schaukelpferd, ordentlich in Leder ausgestopft, gesattelt und aufgezäumt; aber es stand meinen Wünschen so hoch wie der Himmel, und nachdem ich mich müd und matt gewünscht und phantasirt hatte, ließ ich mich wieder aus den leeren Wolken herab, in die ich mit meinem Schaukelpegasus aufgestiegen war, und wendete meine Wünsche und Blicke den erreichbarern Dingen zu. Dazu gehörten unter anderm Kanarienvögel, aus gelbem Wachs modellirt und in kleinen Reifen aufgehängt, die Blätterkränze darstellten; ferner allerlei Federvieh mit wirklichen Federn beklebt und auf Füßen von Draht, Vögel und Eier von gefärbtem Hollundermark sehr kunstreich gefertigt, desgleichen Schäfchen auf denen Baumwolle wuchs und welche Buchsbäume fraßen. O du lieber Herr Gott, was war das wunderschön!

Aber einmal sah ich ein ganzes Bergwerk in einem Tragkasten, von einem wirklichen Bergmanne vorgezeigt, in Bewegung gesetzt und mit Redensarten erklärt, von denen mir kein Komma verloren ging. Schon glaubt' ich die höchste oder eigentlich die tiefste Staffel der Wunderwelt mit diesem Bergwerk und seinen blinkenden Erzstufen erreicht zu haben; da sah ich einen Leierkasten mit tanzenden Figuren, ja einen großen Trommelschläger von Holz und Leder, der trotz einem von Commißbrot seinen Wirbel schlug und dazu obendrein die Augen verdrehte, wie es in diesem Leben kein Rekrute beim: „Augen rechts und links“-Kommandiren zu prästiren vermag. Als mir so übermenschlich mitgespielt oder mitgetrommelt ward, ließ ich wieder eine Zeit lang an mich kommen, bevor ich über Etwas außer mir gerieth, als ein Puppenspiel hinter dem Schirm, von einem Bauchredner bis zur Natürlichkeit exekutirt, mich aus meinem Stoizismus heraus und ins dickste Wunder hineinstieß. Es ging mir schon damals wie weiterhin im mündigen Dasein. Ich machte mit jeder jüngsten Erscheinung meine Rechnung und mein Testament, um es bei jedem nächsten Erlebniß immer wieder kassirt und umgeschrieben zu sehn.

Endlich gab mir ein Kasten Noäh, der gar nicht mal mein Eigenthum war, mit dem ich aber bei einem Nachbarskind spielte, und eine auffallend große Trommel, die der Junge in Weihnachten profitirt hatte, ordentlicherweise mein Seelengleichgewicht zurück.

Im Allgemeinen erinnere ich mich noch, daß die Spielsachen mich und meine Geschwister in dem Maaße anzogen, als sie durch Colossalität oder Natürlichkeit sich den Gegenständen zu nähern schienen, die sie kopirten. So konnt' ich eine sehr große Puppe meiner ältesten Schwester schon darum Jahre hindurch nicht genug bewundern, weil sie einen Wachskopf hatte und wirkliche Haare darauf.

Als mal aber eine alte Dame erzählte, daß man in ihrer Kindheit eine Puppe gezeigt, die vermittelst eines aufgezogenen Uhrwerks ganz allein auf einem Tisch umhergewalzt sei, so kam mir eine lange Zeit hindurch wieder jede Puppe ganz so ledern und hölzern vor, wie sie in Wirklichkeit existirt. Ein kleiner mechanischer Wagen mit solchen Pferdchen von Holz, die künstlich im Zimmer umherfahren könnten, war lange Zeit mein Simuliren bei Tag und bei Nacht.

In dieser Zeit sah ich mal bei einem Krug-Juden eine Wanduhr, deren freigehender Perpendikel mittelst eines Fadens die Arme einer kleinen Pappfigur in Bewegung setzte, die unfern an die Wand befestigt war. Das war mir mal ein plausibler Gedanke. Ich war gescheut genug einzusehen, daß der Perpendikel die Figur bewegte, aber ich bildete es mir wundershalber umgekehrt ein, ganz wie es intentionirt war, und wunderte mich noch obenein, warum nicht alle Perpendikel ihre obligaten Figuren hätten; weiterhin hab ich diesen Spaß in der vornehmen Welt oft wiedergesehn.

Hier war es ein Judenwitz, der die Kinder des Krügers zu belustigen in die Welt gesetzt worden war. Hier hatte also die väterliche Zärtlichkeit einen Mechanismus oder Mechanikus gemacht. Was macht nicht umgekehrt ein Mechanismus und ein Muß aus einem Menschen und seinem obstinaten Sinn! Ich hörte mal die kuriose Redensart: „*oportet* zieht wie ein Brettnagel." Dies schien mir ein absolut und ewig undurchdringliches Räthsel. Zwölf Jahre später fiel es mir mal wieder ein, und da verstand ich bereits, wie ein guter Brettnagel eine widerspenstige Diele zu überreden und fest ans Holzlager zu ziehn weiß, sobald ihm selbst mit dem Hammer gut zugesprochen, das heißt, wenn dem Nagel gut auf den Kopf getroffen wird.

Endlich kam ein mechanisches Kunstwerk in meine eignen Hände und in meinen Besitz. Die Ankunft eines neuen Brüderchens durch den Storch brachte mir dasmal eine sogenannte Tintelinte ein, deren wunderbare Beschaffenheit das Storchwunder einstweilen in den Hintergrund schob. Das Ding war ein Kästchen, auf dem sich ein Puppen-Paar unter Musik herumdrehen und herumorgeln ließ.

Nach dreien Tagen war die Musika heiser gespielt und um den Schaden zu repariren, so wie den Mechanismus zu ergründen, ward die Tintelinte auseinander gelegt. Wie ich aber dazu kam, daß ich die Geschichte wieder mit schwarzer Seife (in Stelle des Leims) zusammenkleben wollte, das weiß ich auch heute nicht und das ist keineswegs ein Malheur. Aber eine Ironie ist es, wenn man eine Rutschparthie für ein Bindemittel hält. Was aber meine eigene kindische Dummheit anbetrifft, so meine ich, ein gescheuter Junge muß eben auch Dummheiten angeben, sonst ist er gar zu klug.

Einmal kaufte mir mein lieber Vater auf mein inständiges Bitten ein kleines Blechkästchen, so groß wie eine Schnupftabaksdose mit einem Deckel an beiden Seiten und in beiden ein Spiegelglas in Messingbordüren eingerahmt. Wie ich das Ding (im Preise von 15 polnischen Groschen) in meinen zitternden Händen als Eigenthum hielt und mir das blanke Weißblech und Spiegelglas wie Silber und Krystall entgegenfunkelte, verlor ich fast die Besinnung, und meine Alteration ward so bemerklich, daß mir der Vater die Kostbarkeit wieder abzunehmen drohte, wenn ich nicht vernünftig sein wollt'.

In denselben Zustand von Verzückung versetzte mich das erste Einlegemesserchen mit stumpfer eiserner Schneide, mit zinnerner, grün, roth und goldgefirnißter Schale. Späterhin brachte ich durch Bestechung des Kutschers einen sogenannten Bandjuden-Kneif oder Knief an mich, im Werth von 3 oder 6 polnischen Groschen, und ich hielt dies Besitzthum, weil ich es widergesetzlich mit großen Leuten gemein hatte, so werthvoll und wichtig, daß ich es unter dem Dach versteckt hielt und zuletzt sogar in einem Winkel des Hofraums vergrub, wie wenn das Gelüst von Warschau und von der ganzen Welt auf diesen Schatz gestanden hätte.

Solche Wollust war es, sich großen Leuten auch nur scheinbar und einen Augenblick in einem einzigen Punkte und in einer nichtsbedeutenden Äußerlichkeit gleich gestellt zu sehn, sobald das eben nicht statt haben sollte.

Die Warschauer Töpferkunst fabrizirte damals, wie noch jetzt, allerliebstes Kinderspielzeug, wunderniedliche, kleine Töpfchen und Schüsselchen, Kännchen und Schmortiegelchen auf drei Füßen. In die Wunder dieser glasirten Duodez-Geschirre konnte ich mich stundenlang vertiefen und darüber nachdenken, wie das wohl gefertigt worden sei. Denn ich hatte weder einen Begriff wie Töpferlehm auf der Töpferscheibe gedreht, noch wie er dann durch Brennen in eine künstliche Steinmasse mit Glasur und Farben verwandelt wird.

Wie alle Kinder, so hatten auch wir das Töpferzeug zum Spielen am liebsten im Gebrauch, und wer sich mal in gemischter Gesellschaft irgendwie gelangweilt oder beleidigt erachtete, entfernte sich in der Regel mit der Redensart: „Na, denn nehm' ich mein Töpfchen und Schüsselchen und geh' gleich nach Haus."

Unser Kutscher, kunstfertig wie überhaupt in Polen und Rußland der gemeine Mann, schnitzte mit Beil und Messer einen abhanden gekommenen runden Fuß für ein altmodisches Eichenspinde, ganz so, wie er regelrecht nur vom Drechsler gemacht wird. Dabei war ich mit Zusehn und Handreichungen nicht für die lange Weile geschäftig, und als nun das Kunstwerk fertig geworden und an Ort und Stelle gekommen war, so sollte das kein Andrer außer mir und dem Künstler bewundern, so sittlich schwer fühlte ich meine Betheiligung und Gerechtsame an dem vollbrachten Werk.

Ein fremder Junge. Zuvor ein frisirter Spitz

Drei kleine Kinder haben in einem Garten ein Plätzchen, einen Rothkehlchen-Winkel gefunden. Das eine, ein Knabe von fünf Jahren, hält mit jener lieblichen, wichtigen Miene, die Kinder, wenn sie fühlen, daß ihnen die Sorge für etwas übertragen ist, so niedlich annehmen, einen Säugling in seinen sorglichen Armen. Ein andres hebt den magern Hund, dessen sanftes Auge alte und zärtliche Kameradschaft ankündigt, bei den Vorderpfoten in die Höhe, und läßt ihn auf den Hinterbeinen vorwärts marschiren. Das dritte und außer dem Säugling das jüngste steht still, und hat den einen Arm quer über die Augen geschlagen, den andern an der Seite, nicht schlaff, sondern mit der rund-gemeißelten Grazie eines Cupido, auf einem antiken Friese herabhängen.

Plötzlich reißt sich der Hund los und springt in hitziger Verfolgung von Etwas fort, das sich in den Büschen regt. Kein raubgieriger Wolf kann auf die Jagd verpichter sein; aber bald hat er die Spur verloren, macht eine weite Kreisung, wird ruhig indem er dies thut, und trabt zu den Kindern zurück, um sich von diesen am Schwanze zerren und zum Tanzen anhalten zu lassen.

Wie schön sind Stärke und Sanftmuth im Charakter des Hundes, des treuen Dieners, des sichern Schirmers und liebenden Spielgenossen der Kinder seines Herrn, aber des grimmigen Feindes jedes Angreifers, vereinigt. Ich erinnere mich eines ungeheuren Neufundländers, mit dem ich einst genau bekannt war, der einen Dieb in Stücken zerrissen haben würde, und der Schrecken von Jedem war, der sich ihm näherte; aber von den Kindern des Hauses sich Blumen in die Ohren stopfen und die Haare aufwickeln ließ.

Reisebilder aus den Pyrenäen

Ein ähnliches Gefühl, dem ich in meiner Weise Worte verlieh, zog mir den Spott und das Gelächter meiner Geschwister zu. Während diese nämlich einer Zeit mit den Eltern auf unser Landgut Milanowek gefahren waren und mich mit der alten Wärterin Neumann allein zurückgelassen hatten, machte der Letzteren ein alter Invalide, der so in den Häusern herumbettelte, die Offerte, unserm alten Spitz das lange Haar recht künstlich zu verschneiden. Die beiden alten Leute wurden bald Handels eins. Die Sache ward in Angriff genommen und Herr Fidel, der ein Paar Stunden den Dulder hatte machen müssen, erkannte sich nach vollbrachtem Werke selbst kaum wieder, so vortheilhaft erschien er in seiner Toilette, der eines Löwen *en miniature*. Da war es mir hernach eine Ärgerniß und eine Anmaßung von den Geschwistern, als sie, zu Hause angelangt, die Metamorphose des Hundes mit profanem Gelächter begrüßten, und ihren Jokus hatten mit dem verlegnen und verschämten Fidel; wie wenn sein Verschönerungsprozeß nur eben eine Narrethei vorstellen und Nichts auf sich haben sollt', und so nahm ich denn den Spitz in meinen Schutz mit der dezidirten Erklärung: „Laßt ihn zufrieden, das ist mein Fodel, den hat mir der Saldat gemacht." Ich hatte dem Toilettenkunststück allein zugesehn, ich hatte halten helfen, und so kam es denn, daß ich mit jenen Worten mein ausschließliches Anrecht auf Bewunderung oder Tadel in Anspruch nahm. Was habe ich Ärmster Jahre lang und noch in erwachsenem Alter für diesen meinen Fodel hören müssen, den mir der Saldat für mein Privatvergnügen gemacht haben sollte. Auch der Vater, der sich von seinem Spaß über uns nicht leicht was abmerken ließ, lachte sich herzlich satt. Außer der Geschichte mit dem Spitz war noch eine andere auf meine Unkosten in Umsatz und zugleich in das Familienarchiv niedergelegt. Als ein Kind von fünf oder sechs Jahren mußte ich einer alten würdigen Freundin meiner Mutter, einer Frau von Thiesenhausen in Pension gegeben werden, weil ich, bei dem Überfluß eines unbändig gearteten Kindersegens aus meines Vaters erster und zweiter Ehe, mit meinen Unarten und Originaleinfällen für ein äußerst überflüssiges Elternvergnügen galt. Mein ehrwürdiger Vater, ein unermüdlicher Jurist, arbeitete nach alter guter Sitte unverdrossen Tag ein und Tag aus, Sonntag und Werkeltag, bis die Finger nicht mehr die Feder halten konnten. Aus diesem arbeitsseligen Grunde und weil der alterthümlich und praktisch gesonnene Mann vor dem Pädagogenwitz, wie vor aller andern sublim auskalkulirten und allzugeschäftigen Zuthatigkeit gegen Welt, Geschichte und Natur eine Abneigung hatte, blieb das Erziehungsgeschäft großentheils unsrer überbürdeten Mutter, dem guten Genius des Hauses, so wie den ziemlich zweideutigen Genien der Pflegebefohlenen, überlassen. Es wuchs und wucherte, es schlingkrautete, es rankte und kroch, es blühte und schoß in Samen, es duftete und betäubte in dieser Kinderfreiheit und in ziemlich geräumigen Zimmern, Gehöften und Nachbarschaften, so unziemlich ziemlich und so unbändig natürlich es eben wollte. Bis bei einer Extra-Gelegenheit eine flämische Gartenscheere in der sichern und kräftigen Hand des Vaters unbarmherzig und ohne sentimentale Skrupulosität all das über Spalier hinauswuchernde Unwesen und Schmarozzer-Geniste hinwegschnitt, und das gewöhnlich auf einen Ruck.

Auch die Mutter war, wo es galt, eine entschiedene und energische Frau, und half dem Alten von Zeit zu Zeit so ehrlich mit roden und reuten, daß wir, bevor wir uns dessen selbst versahn, zu unsrer und anderer Leute Verwunderung wieder eben so säuberlich und unschuldig im Kinderparadiese dastanden, als wir noch kurz zuvor von Raupen, Schwämmen, Geizen, Misteln und anderem Malheur entstellt und verschuldet erschienen waren. Das ging nun eine gute Zeit ganz so schlimm und gut wie es eigentlich in einer rechten Menschen- und Kinderwelt hergehen soll, wo die Lebenslust bekanntlich aus Stickstoff und Sauerstoff gemischt ist und nimmer aus einem Äther allein bestehn kann, in welchem der selige Geister-Chor verkehrt. Das bei uns applizirte Erziehungs-Manöver nämlich: eine feine Weile locker zu lassen, dann aber, unversehens und ohne Vorrede, die Leinen anzuziehn und langen Hafer zu füttern, – dieses Regiment nach dem Vorbild des Himmels, der seinen großen und kleinen Kindern Tage, Wochen und Monden, alle himmelblaue Möglichkeit nachsieht, bis er, wie man eine Hand umdreht, sein klares und ruhiges Antlitz mit dräuenden Wolken überzieht, und in Donner und Blitz, in Sturm und Regen mehr böse Wetter ausschüttet als nöthig sind, um die dickste Unvernunft wieder zu flüssigem Raison zu bringen, und die Abentheuer ins solide Geleise zu kutschiren; – diese den ewigen Erzieherinnen der Natur und Welt-Geschichte abgelernte Erziehungsmethode zeigte sich aber in unsrer Familien- und Regierungs-Geschichte nur so lange ganz praktikabel, als beide Eltern noch Kraft genug behielten, um die besagten heroisch-dramatischen Momente zu exekutiren. Als sie sich aber aus Alterschwäche immer mehr auf Defensive, Passivität und Liberalismus beschränkt sahen, mußten die fermentirenden und rebellischen Prinzipe aus der Heerde nach Möglichkeit ausgemärzt werden, und zu dem Ende ward mit meiner Wenigkeit, und in Anbetracht meines intellectuell obstinaten Naturells – wie schon Eingangs erwähnt worden – der Anfang gemacht und ich aus dem elterlichen Hause gethan.

Es war dies nicht sobald mit mir passirt, als ich in meinem beschaulichen und reflectirenden Wesen auch schon erwog, daß einmal, halb ausgestoßen wie ich war, ich mich nicht mehr so naiv-familiär als bis dahin in meiner Eltern Hause betreten lassen dürfe, vielmehr bei Besuchen gleichsam wie ein Gast und ein halb fremdes Kind zu behandeln sei.

Durch die mir widerfahrene Ausrangirung aus der Familie in einer Weise gekränkt, durch die ich mich über meine Jahre erwachsen fühlte, verschnupfte mich die gleichgültige Unbefangenheit, mit der man mir bei meinem Wiedererscheinen zu Hause begegnete, und die Mündigkeit meines innern Menschen ignorirte.

Mit jener Art von resignirtem Trotz, der dem Knaben nicht zum übelsten steht, weil er nicht selten der Vorläufer einer Selbstständigkeit und Seelenstärke des künftigen Mannes ist, sagte ich dann bei irgend einer Gelegenheit, wo man wiederum so profan zu mir that, als ob dem Zart- und Ehrgefühl meines inwendigen und sittlichen Menschen gar nichts zu nahe geschehen sei, oder als ob so ein närrischer Kerl wie ich sich von seinem sentimentalen *point d'honneur* gar nichts merken lassen dürfe: „Ich bin ein fremder Junge", ich brauch' gar nicht bei Euch zu sein.

Mein armes bekränktes Gemüth wußte sich im 5ten Lebens-Jahre noch nicht geschmackvoller auszuquetschen; desto besser aber verstanden mich meine Eltern und besonders meine älteren Geschwister mit diesem meinem in höchster Emphase verunglückten Proklama aufzuziehen. Von jenem malheureusen Augenblicke an war und blieb ich bis zu meiner wirklichen Mündigkeit und bei aller Gelegenheit nur der fremde Junge.

Der überlegene geschwisterliche Spott mit dem innersten Heiligthum meines kindischen Martyriums in seiner Wehrlosigkeit, der Frevel an meiner Knaben-Ehre, die zu repariren mir, wenn auch nicht Entschlossenheit, doch Witz gebrach, konnte mich unter solchen Umständen den Meinigen leicht in der That entfremden und im strengsten Sinn des Wortes zum fremden Jungen im elterlichen Hause machen, wenn eine leidliche Portion natürlicher Gutmüthigkeit und eine Sentimentalität, die freilich einem ungeleckten Bären nicht unähnlich sah, mich nicht vor solcher Entfremdung geschützt hätte. Was mir aber so früh mein guter Genius bewahrte: die Familienheimath als Hoffnungsstern in der unseligen Fremde, das entriß mir leider zu früh der Tod und unser babylonisches Familien-Geschick. Die Mutter starb in mancherlei Sorgen in Mühen und Kränkungen noch im rüstigen Lebensalter, und der Vater hatte sich zu Tode gearbeitet, und vielleicht mehr noch in einem übertrieben sorglichen und verletzbaren Ehrgefühl für die bürgerliche Wohlfahrt und Geltung seiner Familie im Stillen zu Tode gequält, da er eben daran war, die späte Frucht all seines sauern Schweißes und seiner Bürgertugend zu genießen, von der man wohl sagen konnte, daß sie das Granitfundament seines Lebens und seiner Bildung ausmachte, ohne daß er auch nur einen Augenblick politisch überspannt oder weltlich profan erschien.

Wir Geschwister zerstreuten uns auch geschwind genug nach allen Weltgegenden, und so bin ich denn nun im Ernst der fremde Junge, der ich meiner gekränkten Kinder-Ehre zu Liebe einst freiwillig sein wollte.

Noch ein Paar Familien- und Kinder-Anekdoten, aber mit Gunst

Eine hübsche Kinderanekdote gab es noch mit meiner lieben Schwester Rosalie. Als die Mutter mal in die Nachbarschaft auf Caffe gegangen war, so faßte sich das kleine, kaum vier Jahr alte Dingelchen die Courage, bereits am hereindunkelnden Herbstabende ihre liebe Mama heimzuholen. Indem das arme Kind nun so in sein Abentheuer vertieft mit Herzensbangigkeit aufs Gerathewohl durch den Gassenkoth patschen muß, an dem es eben nicht fehlte, so schlägt eine Schildwacht, wahrscheinlich ein diensteifriger Rekrute, mit einem Mal sein Gewehr auf die kleine Pilgerin an und brüllte ihr, das blanke Bajonett vorhaltend, sein ungeschlachtes Werda auf den Leib. Bis zum Tode erschreckt, aber gleichwohl muthig gefaßt, ruft ihm nun ihrerseits Röschen, mit den Händchen das Bajonett abwehrend, zurück: Was schreit er denn, was schreit er denn? ich such' ja meine Mutter! Glücklicherweise kam diese bereits dem armen Töchterchen, wie zur Hülfe gerufen, entgegen und hörte zu ihrer Verwunderung Röschens Kinderfalsett im Duett mit dem brüllenden Basse eines Riesen der Finsterniß. Gab das nicht hintendrein ein Gelächter und ein Erzählen noch Jahre lang! Wer sich am vornehmsten davon erbaut finden ließ, das war der Papa. Der ausgestandene Schrecken aber ward der kleinen Heroin durch manches Zuckerwerk versüßt.

Dagegen erwarb der Bruder als dreijähriges Kind einen schlechtern Ruhm, indem er sich drei blanke Doppeldukaten, die ihm zum Spielen gegeben waren, von größern Judenjungen gegen drei noch blänkere Rechenpfennige oder Spielmarken von Messing abtauschen ließ.

Von einer andern Schwester möge noch aus ihrer Kindheit ein kleiner Spaß zum Andenken für ihre heranwachsenden Kinder verstattet sein.

Es war ein heißer Sommer-Nachmittag, als das dreijährige Schwesterchen ihrem lang abgewachsenen Bruder Referendär zur Kurzweil auf dem Schooße saß. Die brüderliche Liebe war entweder von der sauern Acten-Arbeit oder in Folge der süßen Mahlzeit alsbald sommermüde geworden und gerieth so in tiefen Schlaf. Da gewahrte das Kind seinen Vortheil und begann ihre Toilettenkünste an dem wehrlosen Jüngling, daß es eine Lust war. Es dauerte nicht lange, so hatte sie dem Edeln mit der rührigsten Geschäftigkeit rund um die Stirn eine Menge kleiner Zöpfchen dicht am Kopfe festgedreht, indem sie dabei Zwirnfäden zu Hülfe nahm. Jetzt aber spie sie dem Unglücklichen im höchsten Eifer ihrer künstlerischen Exstase einige Mal rasch hintereinander ins Gesicht, und indem sie die Feuchtigkeit, wie zur Erzielung einer letzten Politur, auf Stirn und Wange des nunmehr erwachenden Pflegebefohlenen verrieb, rief sie, pathetisch die Händchen zusammenschlagend, dem verdutzten Coëffirten entgegen: „Na, nu we'hen die Leute denken: Du biß schön." Ja ja, repetirte der alte Papa, der sein Pfeifchen rauchend dem ganzen Verschönerungsprozeß als stiller Beobachter beigewohnt hatte, höchlich erbaut: „Ja, ja, Herr Sohn, nu werden die Leute denken, er ist schön." Und lange Zeit noch mußte sich der gute Bruder Referendär diese Reminiscenz gefallen lassen, bis sie von einem jüngsten Witz auf Pension gesetzt ward.

Vielleicht geschieht es, daß der Leser bei diesen Kleinigkeiten seine Haus-Memoiren repetirt. Wenn das geschieht, so wirk' ich für einen großen Zweck; denn die Weltgeschichten haben ihre Faserwurzeln, ihre Seele und all' ihren lebendigen Hauch eben in Familiengeschichte und Biographie, gehöre sie nun einem berühmten oder einem unbekannten Menschenkind an. Außerhalb dieser Pulsschläge, dieser Blutkügelchen oder Atomchen des mikrokosmischen Lebens, ist die Idee der Weltgeschichte und des Makrokosmus nimmer eine konkrete Idee.

Seelen von Kindererlebnissen

> Eine unbestimmte und sanfte Melancholie, eine von dem Geiste des Romantischen angehauchte, aber reine und erhabne Phantasie, eine Liebe zur Simplicität, ein Geist, der seinen Gegenstand idealisirt, wilder Glaube, unerklärbare Phantasiegebilde, unbestimmte, tiefe, kräftige Träumereien, eine Religion des Gefühls, die das Auge am Himmel sieht und die Stimme im Winde hört, die das Buch der Natur öffnet und über seinen göttlichen Inhalt nachdenkt, weil sie sieht, daß Gottes Hand darauf ruht, und wenn sie an Gott denkt, aufwärts blickt, das tägliche Wunder des Lichts sieht und nicht weiter fragt – dies, so scheint es, müßten die einzigen Kennzeichen und Gaben eines Menschen sein, der in täglicher und einsamer Gemeinschaft mit der Natur lebt.
>
> Die Einsamkeit, welche die träumende Phantasie nährt, die aus dem Innern der Höhle oder aus der Tiefe des Waldes hervorbrechende Stimme der Sybille, die freie, die erhabene, die schweigende, die schöne Natur, tausendzüngig in ihrer Stille, in deren Gegenwart ihr einsamer Beruf Beschäftigung findet, mußten jenes Gefühl von Ehrfurcht, jenes tiefe Empfinden ihrer unendlichen, unvertilgbaren Schönheit hervorrufen, wo nicht erschaffen, welches wenigstens diejenigen, welche vor dem Schreine anbeten, davon abhalten könnte, das Bild zu entstellen. (Gegen prosaische Landschaftsmaler).
>
> Reisebilder aus den Pyrenäen

Außer diesen bestimmt gezeichneten Ereignissen, diesen Anekdoten in Fleisch und in Bein, gibt es aber noch bloße Seelen von Geschichten, die man nicht schlechtweg wiedererzählen, nicht Rede stellen kann. Es sind in Traum und Nebel zerfließende Erinnerungen, Nachklänge von Lebensfühlungen, heilige Gesichte von himmlisch schönen Orten und idyllischen Scenerien. In solcher ätherischen und überirdischen Weise dämmern vor meiner Seele mehrere Bilder und Lebensempfindungen aus dem frühsten Bewußtsein, von denen ich Andeutungen versuchen will. Es schwebt mir eine unendlich lange Baum-Allee von Kastanien vor, unfern des Landhauses meines lieben Kriegesraths. Es ist ein sonnig-verklärter Herbsttag, der Weg mit gelbrothen Blättern bestreut, und ich selbst bin mit andern Kindern glückselig und geschäftig, Kastanien herabzuwerfen, aufzulesen und blank zu hülsen, so viel ich nur kann.

Dann wieder steht mir ein Bild aus dem Frühjahr vor der Seele. Ich bin irgendwo, ich weiß nicht wie, wozu oder mit wem auf dem Lande, in der Nähe von Warschau. Auf einer unabsehbaren Ebene steht ganz einsam und isolirt ein armseliges Häuschen, rund umher Wiesen und Wasser ohne Ende, wie bei einer Überschwemmung. Kein Kind, kein Erwachsener ist um mich, weder Thiere, noch Bäume oder Zäune zu sehn; in dem Häuschen bin ich auch nicht gewesen. Es ist als wäre ich mutterseelen allein auf der Welt, ein zweiter Noah in der Fluth, und das Häuschen meine Arche. Zu sagen, was ich bei diesem Traumgesicht aus der frühsten Kindheit, vielleicht aus dem zweiten Jahre meines Lebens, empfinde, geht über meinen Witz. Es ist das Existenz-Prinzip, es ist Seele schlechtweg, an deren Statt nichts Anderes steht, und die Andeutung hat in diesem Falle nur in so fern einen Werth, als sie im Leser Nacherinnerungen von ähnlichen Zuständen und Lebensfühlungen erweckt.

Für Solche, die mit mir in die naturheiligen, Gott offenbarten Anfänge ihres Daseins zurückgehn wollen, hätte ich Mittheilungen aus wundersamen Tonarten der Seele. So find' ich mich in einer Sommernacht im mysteriösen Helldunkel auf einem offnen Wagen unterwegs. Kaum weiß ich: ob mit Andern oder allein? Zum ersten Mal hab' ich da die tiefere sittliche Empfindung von Ruhe und Schlaf. Die ganze Welt ist in

Stille und Schweigen, die Natur liegt in Träumen, es ist mir als hör' ich den Erdboden leise athmen, und mit den Seufzern heben sich die Sandhügel, zwischen denen der Weg fortführt, wie der Busen der Nacht selbst. Ihre Schöne und Poesie umwebt mir die Sinne, ihre heiligen Mysterien schauern in meinem Dasein. Sie spricht zu meiner Seele mit ihren himmlischen Organen, mit dem räthselhaften Lichte der Mondsichel, die sich in Wolkenschleiern birgt und zeigt, mit flimmernden und verlöschenden Sternen, mit Luft und Pflanzenduft, mit Licht und Finsterniß zugleich, sie spricht mit Ruhe und Schweigen ein ewiges, ein göttliches Geheimniß!

Heller und heiterer im Charakter ist ein sonniges Tagbild mit lieblicher Staffage. Ich befinde mich auf einer unabsehbaren, unfern der Stadt belegenen Wiese, zur Sommerszeit, und viele spielende Kinder sind um mich her. Es ist an einem wunderschönen Nachmittag. Von großen Leuten Niemand zur Beaufsichtigung, weder Eltern noch Lehrer. Gegen die im Sonnenglanz blitzenden Wiesenmatten stechen wundersam lilienweiße, im Sommerhauch sich blähende Gewänder, Flaggen und Taschentücher ab, mit denen sich die Kinder einander zuwinken, und die sie in der Luft schwenken, wie wenn sie zu irgend einem gemeinsamen Festspiel in seligem Frieden auf der Wiese vereint sind. Wahrscheinlich war ich als sehr kleines Kind bei solch' einem Kinderfest mit hinaus gebracht, und dieses liebliche Bild ist Alles, was von dem Factischen dem Gedächtniß verblieben ist; aber die Lebens-Seligkeit, die erste Existenzempfindung, die Schönheit der Welt von dazumal ist von der Seele festgehalten, und das kann ihr kein Gott nehmen in Ewigkeit, wenn er die Menschenseele, wenn er den heiligen Geist seiner Gottheit nicht selbst vernichten will. Dies ist mein Glaube an Unsterblichkeit. Die Auferstehung hab' ich an einem Osterfest zu Warschau so schön in Herz und Sinn gepflanzt wie nimmer hernach.

Ich war am Charfreitage mit meinen ältern Geschwistern in einer unterirdischen Kirche. Da sah ich unsern Heiland im Sarge, bewacht von guten Christen, aber in orientalischer Tracht. Jeder der Wächter hatte einen blank gezogenen Säbel, einen prächtigen Turban auf dem Kopfe und Schnüre großer Perlen über dem Kaftan. So standen sie, zwölf Mann, laut- und regungslos da, ohne eine Miene zu verziehn oder durch ein Augenblinzeln ein Leben zu verrathen, was mir am verwunderlichsten schien. Um den Sarg herum brannten viele Wachskerzen, in dem ganzen Gewölbe viele tausend Lampen im farbigen Schein, und im dumpfen Andachtsmurmeln wogte es Kopf an Kopf.

Das war mir Alles wie aus dem Abgrund meiner Seele hervorgezaubert, das empfand ich als Andacht und Gottes-Religion tief in Sinn und Gemüth; aber ich dachte weder deutlich ans Sterben noch ans Auferstehn, denn der Tod hatte meine Kinderseele noch nicht angerührt. Zuvor sollte sie zum Vollgefühle des Lebens erwachen. Bevor die Blumen in Samen schießen, müssen sie blühn und verblühn.

Milanowek

Eine Pfingstreise nach dem elterlichen Gut

O du Heimathflur,
O du Heimathflur!
Laß zu deinem heil'gen Raum,
Mich noch einmal nur,
Mich noch einmal nur
Entflieh'n im Traum!
Rückert

Wer's vergessen oder nie erlebt hätte, wie süß die Heimath und das Vaterhaus ist, der müßte die Schiffer und die Wanderburschen befragen oder die Kindheit betrachten, wenn sie in den Schulfeiertagen aus der Pension nach Hause geholt wird, wo möglich aufs Dorf hinaus!

Sechs Wochen zuvor werden die Wochen und die Tage, in den letzten Tagen alle Stunden und zuletzt die Minuten berechnet, die noch hin sind bis zu der himmlischen Zeit, wo der Kutscher mit den Pferden kommen soll.

Man weiß nicht, verlebt man diese Zeit kürzer oder länger, preßhafter oder freudbewegter als sonst.

In der Brust ist's einem so verheißungsvoll, von lauter Seele so geschwellt bis zum Ersticken. Man kann weder leben noch sterben, man möchte die Zeitlichkeit hingeben für den Himmel, den man im Busen trägt, und gleichwohl fürchtet man zu sterben, noch bevor man den Himmel auf Erden erlebt. Es ist die unbeschreibliche und doch so einzig schön ausgesprochne Stimmung Clärchens:

„Freudvoll und leidvoll; ein Hangen und Bangen in schwebender Pein."

Der arme Schuljunge ist in der entscheidenden Stunde, der letzten Viertelstunde nur Auge, Ohr und Erwartung, eine bebende Seele, die aus dem Hades in den Himmel fahren soll.

Jetzt tönt es von Rosseshufen in weitester Entfernung, aber so schwach und dumpf, daß es vom stärkeren Herzpochen übertönt wird. Näher und näher hört man es kommen. Jetzt rasselt es lustig um die Ecke, – da ist er, der Liebste, der alte Jakob wollt' ich sagen, aber es ist in der Hauptsache einerlei, denn in beiden Fällen ist der böse Zauber gewichen, des Herzens Bangigkeit in dem Entzücken der Gewißheit, der Gegenwart, der Erfüllung gelöst, und ich wüßte wahrhaftig nicht, daß ich meinem Jakob minder herzenstrunken um den Hals gefallen wäre, als irgend ein Clärchen ihrem Egmont.

Unser Kutscher hieß aber nicht Jakob wie die deutschen Kutscher, sondern *Jedrzej*, das ist gedeutschet *Andreas*, und seine Pferde waren ein Paar prächtige, polnische Schimmel, die noch ein Paar Kameraden von der Couleur im Stall zurückgelassen hatten, und eines davon war ein Mutterpferd mit einem Füllen, von dem mir der gute Andreas sofort eine Beschreibung ertheilte, die ich fast mit Freudenzähren vernahm.

Bis zum Wiedersehen mit dem Füllen, das während meiner Abwesenheit von Hause wer weiß wie groß gewachsen sein sollte, ließ ich jetzt meine Zärtlichkeit an dem getreuen Andreas und an seinen Pflegebefohlenen aus, die ich auf das sammetweiche Maul küßte und mit meinem Taschenbrot aus der Hand fütterte, während die Thiere ihrerseits wiehernd und vergnügt die Leckerbissen käuten, mit blitzenden Augen, die ihnen wie Eier im Kopfe standen, und von denen der Kutscher behauptete, daß sie in ihrer Art schöner wären als manche Menschen-Augen und unter Pferden ohne Gleichen. So ein Paar Schimmel gab es überhaupt nicht mehr auf Erden, das war vollständig auch meine Überzeugung; und das wußte ihr Verpfleger, darum war ich auch sein Liebling, wie er der meinige, und in diesem verschimmelten Glauben hielten wir zusammen auf Leben und Tod!

Während meiner Reiseungeduld hatte indeß der gute Andreas als echter Weiser ganz ruhig seine Pferde dickgefüttert; zum Vorfahren ließ ihm aber die Hast meines Herzens keine Zeit. Ich half beim Anspannen was ich konnte, und nahm dabei die längeren Enden der Kreuzleine nach auswendig, statt sie inwendig zwischen den Pferdeköpfen in die Gebisse zu schnallen, wie ich sollt'. Der gute Andreas bemerkte die Verwechslung mit lächelnder Miene und rectifizirte das Falsum. Somit saßen wir denn endlich auf der polnischen Britschka und fuhren zu dem Thore des Hotels und durch die schönen Palaststraßen der Polenhauptstadt hinaus aufs freie Feld.

Bald ließ ich alle städtische Herrlichkeit im Rücken wie aus dem Sinn, denn es ging nun im muntern Trabe unserm schönen drei Meilen von Warschau belegenen Landgut Milanowek zu, über Moschno und Raschin.

Es war kurz vor dem Pfingstfest und ein schöner träumerischer Nachmittag. Die Natur von all dem Fliederduft in den Dörfern, von dem Blüthen-Meer über der ganzen Erde wie berauscht.

Meinen Luft und Sonne trinkenden Blicken, meiner dämmernden, pfingstfeiernden Seele vorüber flogen Wiesen, Wälder und Felder, Weg und Steg.

Mir war so überirdisch, ätherleicht beim Herzen, als könnt' ich Land und Meer auf einer Fingerspitze tanzen lassen. Ach, was war die Erde so schön in ihrer Vorfeier und Verlobung mit dem sie umbuhlenden Mai!

O du Maien, du Wonnemond, wann seh' ich dich so wieder? Wohl erst in jener Welt, denn in dieser träumt nur die Kinderseele so selig von der irdischen Welt, und das hat ihr ein Gott gegeben, weil sie Nichts von all dem besitzt, wovon die Welt-Eitelkeit ihren Staat macht: keine Uniformen und Dekorationen, keine Titel, keine Güter und Ehren, keine Lebensbequemlichkeiten, oft kaum eine Leibesnahrung und Nothdurft um Gottes willen; dafür aber auch keinen gelahrten Überfluß und keine Unbequemlichkeiten der leidigen Mode und Politik. Von dem allen wird aber eben die arme Menschenseele im Halse gewürgt und der heilige Naturinstinkt bis in den göttlichen Abgrund hinein verschüchtert, und dann hat's auch mit der Naturfühlung, mit den elementarischen Prozessen im Menschen und mit jedem Orakel ein Ende, das hin und wieder noch Gott Dionysos einem christlich vernunftbewußten Menschenkind von heute geben möchte. Meine reisende Kindheit ist aber unterdessen im himmlischen Geleite aller Genien der Kindheit und des Heimathtraums, einem verwünschten Mährchenprinzen nicht unähnlich, vor ihrem Kinderparadiese, d. h. vor Milanowek und seinem lieblichsten Tummelplatz, der Windmühle, angelangt, die auf einem Hügel vor dem Dorfe steht. Da lagen sie nun im heiligen Frieden alle die heimathlichen Fluren, die altvertrauten Scenen und Spielplätze unseres Frohsinns, die Zeugen unserer kindlichen Glückseligkeit! Mit altbekannten Zügen grüßten mich die Hütten, die Zäune und Bäume, den Menschen gleich. Das war sie nun die heimathliche Luft und Sonne! In ihren sinkenden Strahlen spielten und lärmten die Dorfkinder. Da kam auf einmal das Füllen seinen Stallkameraden entgegen gallopirt, hinter ihm drein die Hofhunde in stürmenden Sprüngen, mit Schweifwedel und Geheul, hinter ihnen drein schon die Geschwister, der Stalljunge, auch die alte Amme Neumann, und vor dem Hause wartete die Mutter. O Herr, mein Gott, was ist das Leben schön und das Wiedersehn!

Mein armes Herz wußte sein Glück kaum zu fassen, noch weniger mit Art zu begrüßen. Aber es ist ein liebenswürdiges

Ding um so ein Kinderglück und das Ceremoniell mit ihm; es fällt dem Kinde, bevor dieses noch weiß was es sagen und wie es mit dem Himmel auf Erden verkehren soll, in die Arme und um den Hals, als wenn es mit ihm unter demselben Mutterherzen und in einer Wiege mit ihm gelegen hätte. Und so ist es ja in der That. Dieses süße, altbekannte, uns so traulich umfangende Glück, dieser Genius mit der Zwillingsbruderliebe zu unsrer Seele ist ja die heimathliche Erde, ist Flur und Welt um die Hütte, um den Palast herum, wo unsre Wiege stand, um das stille Städtchen und Dorf, das unsrer Kindheit Spiele sah, das unserem frühsten Lebenstraum den Grund und Boden, die Luft, die Sonne und den Himmel lieh!

Ach, was ist es denn, daß uns die Thränen aus den Augen brechen, wenn wir den Schauplatz unserer Kindheit wieder begrüßen nach langer und schuldbeschwerter Zeit! O, du alter Mensch, wie geschieht doch deinem Herzen, wenn es sein Kinderleben wiederholt, während es doch in Wehmuth zerschmelzen will!

Ich habe Königsberg, ich habe Polens Hauptstadt im Drange meiner Bangigkeit besucht; aber in Milanowek bin ich nicht gewesen, denn das alte Herrnhaus von Holz ist seit langen Jahren niedergebrannt und an seiner Stätte ein anderes hingesetzt, keines der alten Gehöfte und Dorfgebäude, keine Spur von den alten Hecken und Gartenmauern, von den alten Spielwinkeln besteht mehr da, vielleicht nicht mal ein Baum von denen, die zur Zeit meiner Kindheit im jungen Waldaufschlag standen, denn selbst die schönen Linden des Gartens sind ausgerodet, die ehedem ihre kühlen Schatten bis in die obern Sommer-Zimmer und Obstkammern warfen. Der Karpfenteich ist verschüttet, die Ziersträucher haben dem Kartoffelboden, unsre Lieblingsplätze der profitabeln Ökonomie Platz machen müssen. Solche Umwandlung geheiligter Orte und Scenerien, solche Übersetzung der Poesie in die Werkeltags-Prosa thut der Seele zu weh! Ich war nicht muthig und nüchtern genug, mir mit der schalen, profanen Wirklichkeit das Heiligthum meiner Kinder-Erinnerung zu verderben. Aber die Kinder, die nach mir in Milanowek spielten und noch spielen, haben Alle dort wieder ihr Eden gefunden und das ist es, was mir das Jetzt mit dem Sonst doch versöhnt, wenn von dem Schisma mein Herz brechen will.

Als ich damals in Milanowek angekommen und vom Wagen gestiegen war, fiel ich zuerst meiner Beschützerin, der alten Wärterin Neumann, ans Herz. Dann ging es an ein Fragen und Erzählen mit dem kleinen Geschwister. Meine strengere Mutter musterte nach dem lachenden Willkommen, hinter dem sich ihr gleichwohl zärtliches Mutterherz verbarg, mit meiner Person auch meine Bekleidung und führte mich dann zu dem Papa. Der alte Herr hatte aber die eigne Art, uns Kindern nur die Wange zum Kuß hinzuhalten, wie Einer, der eben geschehen läßt, was er zu versagen zu gutmüthig ist. Der Mutter fürnehmlichster Liebling war ich nicht, denn ich hatte ihr von der Stunde meiner Geburt gar zu viel Sorge und Noth gemacht; den ältern Geschwistern aber traute ich nur halb und halb, da sie mich mit meinen Einfällen und Originalitäten als mit eben so vielen Schwachheiten und Absurditäten aufzuziehn und gelegentlich zu chikaniren pflegten. So war ich denn geschwind genug wieder im Pferdestall bei dem Füllen und im Garten an jedem alten Platz; demnächst aber bei den Hofhunden und unsrer alten dicken Gesindewirthin, auf polnisch *Gospodynia* genannt; vor allen Dingen aber im Bereich der zärtlich von mir erwiederten Liebkosungen von meiner Mutter Amme, der alten Neumann, Neumannsche genannt – und somit fand sich das Herz wiederum im alten Geleise. In den alten Takt und Schlag kam es aber erst recht, als ich denn auch die alte Bekanntschaft mit den alten Mobilien, Zimmergelegenheiten und Familiencomforts wiederum erneuerte.

Da stand noch der eichne Uhrkasten mit seiner altenglischen Uhr, da ging noch der Perpendikel im alten Tik Tak! Da präsentirten wie immer das stattlich gepolsterte Sopha und seine Ableger, die Stühle, ihre Sitzlichkeiten und horizontale Lebensart, Alles mit einem Atlas von Roßhaaren überzogen und mit blinkenden Messingnägeln beschlagen.

Desgleichen blinkten und paradirten da unverändert und am alten Platz die Spiegel, die Spieltische, die Kommoden, das Klavier und der Glasschrank mit seiner Herrlichkeit in allerlei Raritäten: ein Rahmtöpfchen mit Goldglasur vorauf als die köstlichste Curiosität, sodann die Porzellanpuppen und mitten unter ihnen wie im Zaubermährchen der silberne Berg, die altmodig gebauchte Zuckerdose mit ihrer handgreiflich modellirten Rose auf dem Deckel, ein Jegliches Stück für Stück wie vor Jahr und Tag, denn so lange war ich nicht zu Hause gewesen, und das schien mir eine kleine Ewigkeit, da es meine erste Trennung vom Vaterhause war.

Darum führte ich mir denn auch die alte Stubenphysiognomie nach allen Einzelzügen bis inklusive der gewohnten Luft und des wohlbekannten Putzzimmerdufts aus Terpentinwachs und Lawendelblüten zu Gemüthe, denn gegen diese Drastika kam eine mächtige Porzellanvase, mit Rosenblättern vom verwichnen Jahre gefüllt, nicht auf. Ihr matter Hauch ward von zwei kleineren, verzweifelt naseweisen Urnen überstimmt, die voll von jener heroischen Spieke*) dem großen Rosenreservoir symmetrisch zur Seite gepflanzt standen.

An Katzen und Hunden war eine Vermehrung ins Haus gekommen und die Kanarienvögel hingen ebenfalls noch am Fenster, ohne von meiner Ankunft und gemüthseligen Stimmung sonderlich Notiz nehmen zu wollen, wie gleichwohl unser getreue Fidel that, ein steinalter halberblindeter Spitz, der um mich herumschnuppernd, mir anhänglich und schweifwedelnd auf meiner Rundreise durch alle Zimmer nachfolgte, bis ich wieder überall acclimatisirt war. So hatte ich mich denn vollkommen als den alten, wohl aber leider zum letzten Mal.

Meine Eltern brannten schon im folgenden Jahre durch Feuer vom Himmel und gleich darauf durch Unvorsichtigkeit der Dienstleute ab. In Folge dessen ward das Gut verkauft, das Land von den Eltern verlassen, die idyllische Lebensart von uns abbestellt, – Milanowek aber keinen Augenblick vergessen, wo wir Alle so glücklich gewesen waren!

Als ich mir im Herbste des Jahres 1843 in Warschau das Hotel auf der Lösche*) besah, aus dessen einem Thor ich vor 37 Jahren so glückselig mit dem alten Andreas hinausgefahren war, da fand ich gerade dieses Thor vermauert und zu einem Lokal eingerichtet. In meiner Seele ist seit der Kindheit auch manches Thor vermauert und manche Scheidewand gezogen, unser Herr Gott aber, meine ich, wird einer Zeit wiederum alle Absperrungen und Mauerwerke in den Herzen einreißen und Alles *in integrum* restituiren in seinem himmlischen Prozeß.

Königsberg

oder

mein kindlicher Verkehr mit der sittlichen Welt

Königsberg und seine Poesie für poetische Leut'

> Es ist ein Moment in der Entwicklungsgeschichte des Menschen, daß in der ersten Jugendzeit das Saitenspiel der Brust von so vielen, eben erwachten Trieben wunderbar zu den seltsamsten, die ganze Tonleiter der Gefühle stürmisch durchlaufenden Akkorden gerührt wird, denen zur Poesie nichts fehlt als das fassende Wort. Jeder Jüngling ist um die Zeit, wo er Helenen in jedem Weib erblickt, ein halber Naturdichter, und der normale Zustand besteht darin, daß er dies nicht weiß.

Wenn ich an Königsberg denke, und mein Herz den süßen Traum der Kindheit zurückträumt, wenn vor meiner sinnenden Seele diese nordische Handelsstadt auftaucht, umwoben vom Schimmer einer heiligen Lebenszeit, verklärt im magischen Lichte des Kinder-Daseins und des Kinderglückes, das mich dort umfing, wenn ich so recht inne werde, wie diese Erlebnisse und Traum-Gesichte, wie die Elemente des nordischen Lebens und der Bildung dieser Stätte der alten Preußen in mir durch so viele Jahre Seele und Leib und ein Königsberger Herz geworden sind; dann muß ich mein Geschick beklagen, das mich von meiner wahren Heimath ferne hält, von dem Stück Erde, das mir das liebste auf Erden ist.

Ich weiß es wohl, es dünkt einen frostigen Süddeutschen und sogar einen in der Poesie überall auf den Sand gesetzten Berliner dreimal kurios, wenn er nur einmal von einer Poesie Königsbergs reden hört, von dieser kalten, farblosen, nordisch ökonomischen und nordisch melancholischen, von dieser tristen und todten, dieser altväterisch gearteten und modern-politisch aufgestutzten, abgedankten Residenz. Poesie und graue Erbsen mit Schemper, Poesie und graue Erbsen mit sauerer und süßer Sauce und noch einmal graue Erbsen mit

Überziehschuhen, die der ostpreußische Magen mitaufessen muß, wenn er satt werden will, das scheint der modernen Ästhetik eine lächerliche Inconvenienz, aber im ostpreußischen Herzen ist es die schönste Harmonie. Mit dem Spotte über Königsbergs Poesie geschieht mir indessen schon recht, und er ist nur die Vergeltung der schlechten Witze, die mir auf Unkosten Anderer über andere Orte entwischt sind. Alle entlassenen Worte und Werke kehren nach ewigen Weltgesetzen zu ihrem Autor zurück, sie treten ihm als Fatalität und rächendes Gespenst in den Weg, wenn sie gemein waren; begleiten ihn aber als gutes Glück, sobald sie nobel und liebenswürdig sind.

Ich habe das unlängst in meinem lieben Königsberg erlebt; denn als ich nach zwanzigjähriger Abwesenheit meinem Bangen nicht länger Gewalt thun konnte und dahin reisete, wo ich immer sein möchte, so war mir's, als wenn sich die Leute beredet hätten, ich solle aus dem poetischen Vorurtheil und der schönen Illusion nirgend heraus. Wen ich auch ansprach, der sprach wieder zu mir als ein rechter Mensch, und wo ich nur anklopfte, ward mir freundlich aufgethan und herzlich, wenn's die Herzenspforte war, in die ich eingelassen sein wollt'.

Die Leute merken einem an den Augen, an den Nasenflügeln die Sympathieen und die Antipathieen an, und wie man die Welt ansieht, so sieht sie einen wieder an. Der gute Genius weckt überall den guten und der böse den bösen Geist. Die Welt ist überall das Echo unsrer eignen Herzensstimme. Wie man in den Wald schreit, so schallt es wieder zurück. Wir entschuldigen uns zuletzt, den Leuten Nichts gethan zu haben, aber das ist eben unsre Anklage; denn wir sollen den Menschen etwas thun und zwar was Liebes und Gutes, wenn nicht aus Herzensdrang, so doch aus Politik; denn was wir ausgeben, nehmen wir wieder ein. Alles kommt über kurz oder lang zum Menschen und zur Stelle zurück, – das ist das Grundgesetz des Verkehrs, der Politik und Ökonomie für die Personen wie für die Staaten. Was man sät, das soll man ernten, und welcherlei Capital man austhut, derlei Zinsen bezieht man. Kein Capital bringt aber seine Prozente sicherer und gerechter als das Herzens-Capital. Was auch Menschen und Orten nachgeredet wird, so schlecht ist die Welt in der schlechtesten Creatur und im schlimmsten Winkel nicht, daß man für ehrliche Lieb' und Treu' das Gegentheil einnehmen müßte.

So viel von unserem Unrechte in der Fremde, und nun noch ein Bischen von meinem Herzensrechte, von dem schönen Rechte, meiner Königsberger Heimath eine Poesie zu vindiziren. Es ist ein kurios kitzliches Thema, den Leuten eine Poesie einzureden, die sie nicht von freien Stücken honoriren. Vielleicht erbaut sich aber ein Menschenkind daran, dem seine Heimath auch ein Paradies ist, und dafür mögen denn die Unkindlichen, Heimathlosen, Unheimlichen, Weltbürgerlichen mit der Parole „*ubi bene etc.*" ein Paar Blätter überschlagen.

Bei Jedem schlägt ja die Poesie auf einer andern Stelle durch, und doch schlägt Jedem, an derselben Seite sein Herz. Poesie ist, wie das Leben selbst, nirgend und überall und so vielgestaltig wie das Leben, mehr im Subject, in der Stimmung als im Object, mehr im organischen Herzpunkt als in der mathematischen Vernunftperipherie.

Ich las mal irgendwo die mir aus dem Herzen gestohlene Bemerkung: „Ist denn das, was bei einem Jahrmarktstreiben in der Seele der Bauersleute schauert, nicht auch eine Poesie!?" Gewiß, gewiß! und wie oft eine seelenvollere, herzlichere, einbildungskräftigere Poesie als das, was ein gedankenstrapazzirter, herzbeutelschlapper und klassisch-pedantischer Doktor, Magister und Ästhetiker von Profession hinter diesem oder jenem Klassiker *in forma probante* reflectirt. Und wie es nun eine Jahrmarktspoesie in Plundersweilern, gleichwie auf der Leipziger Messe oder in Nischnyj-Nowgorod gibt; so gibt es auch eine Poesie der Winters- wie der Sommerszeit, eine des Nordens wie des Südens, eine solche der Ökonomie und der Dürftigkeit wie der Üppigkeit und Profusion, eine Poesie der Melancholie wie der jubelnden Lust, eine der grauen Erbsen mit Überziehschuhen und bei vollem Magen wie eine Hungerpoesie von Orangen, ohne Strümpfe und Schuh', eine Poesie in Stint und Pomucheln, gleichwie eine neapolitanische von Seespinnen und Eselswurst! Zur Poesie gehören überall und allemal zwei Factoren, ein Object und Subject zugleich. Zuletzt aber entbindet sich aus jeder Seele dieselbe Empfindung des Lebens, dasselbe Gefühl des heiligen Geistes und der Welt, dieselbe Intensität des Herzens in Freude und Schmerz, in Liebe, Glaube und Hoffnung, und so wird der Torfmoor zur Poesie wie der Citronenwald.

Wahrhaftig, unser Herrgott ist kein neidischer, kein vornehmer und gelahrter Gott. Er hat die Wahrheit und die Schönheit nicht in irgend einem Winkel verborgen, sondern offenbar gemacht vor aller Welt, all überall, für alle Organe. Und so empfindet Jeder die Mysterien des Daseins auf seine Weise, und es sind nicht die geschmackvollen Sonntagskinder, die Genies, die Künstler, die professionirten Poeten allein, denen es vorbehalten ist, die Poesie der Welt in ihrem vornehmen und geschmackvollen Versteck oder *au contraire* an den renommirtesten Glanz- und Gipfelpunkten einer von unserm Herrgott selbst arrangirten Ausstellung von Natur- und Kunstwundern, von allerlei Musterbildungen und Extra-Existenzen zu studiren.

Die Poesie und Glückseligkeit, die echte Menschenbildung und Menschenstimmung ist kein Stapelplatz, kein Zeughaus und Museum, kein Rezept von so und soviel zusammengetrommelten Cardinal- und Patentschönheiten, die nur in solcher und keiner andern Composition, Combination und Menage die allein richtige Bildung und Lebensart ausmachen; sondern sie ist mehr eine Innerlichkeit als eine Äußerlichkeit, mehr eine Einfalt und Leidenschaft des Herzens, eine konzentrirte Stimmung und eine Illumination als ein raffinirt üppiger, witzig kombinirter *haut-goût* von pikanten Extrakten aus aller Welt.

Es ist eine Narrheit mit allen Argumenten minder oder mehr, aber man kann sie gut thun; denn der Eifer für oder wider und die Bemühung, Proselyten zu machen für sein Glaubensbekenntniß und das Himmelreich seines Urtheils oder Vorurtheils, ist doch besser und herzlicher als die modern beliebte Resignation, Bemessenheit und Objectivität, die in vornehmer Dicknäsigkeit und Apathie alle Lebens-Werthe annullirt, alle Heiligthümer säkularisirt, sich für und wider Nichts ereifert und in Summa weder leben noch sterben kann, wo es einmal in Haß oder in Liebe zu leben und zu sterben gilt.

Die scherzhafte Conklusion „Irren ist menschlich und je mehr man irrt, desto menschlicher ist man“ hat für unsere Zeit eine sehr ernsthafte Bedeutung. Oder wo sollten denn zuletzt die Charaktere und die Leidenschaften herkommen, wenn sie lediglich in den Dramen und Romanen verblieben, woher die Tragödien und die Komödien, wenn das Leben selbst den poetischen Banquerott erklärt hat?! Wie will denn aber irgend eine Poesie, wie will das Leben, der Lebensprozeß und die Weltgeschichte bestehen, wenn alle persönlichen Schwachheiten, wenn alle Einbildungen und Einfältigkeiten des Herzens, wenn alle Extravaganzen und Absonderlichkeiten des Genies, alle Lebensarten, alle Affecte und Humore alten Styls, im Interesse der modernen Vernunft-Objectivität ein für alle Mal in Verruf erklärt worden sind? Gewiß, eine absolut vernünftige Welt wäre das unvernünftigste Ding von der Welt! Lassen wir es wenigstens so ein Bischen beim Alten, bis das neue Weltprinzip sich zu dem literarisch-ätherischen Leibe noch einen Körper in Fleisch und Bein zugebildet haben wird!

Das Unterwegs nach Königsberg

oder

Ein Königsberger Fuhrmann vom alten Schlage
Eine Rococo-Philosophie *contra* Eisenbahnen und moderne Lebensarten
Kinderpoesie in Königsbergs Scenerie

Es war im Frühjahr 1808, als ich im Anschluß und unter der Pflege einer meinen Eltern sehr befreundeten Familie, die sich nach Königsberg übersiedelte, in diese gute Stadt einzog. Wir hatten mit Sack und Pack nach altem und langsamem Reisebrauch an die neun Tage unterwegs zugebracht, und zwar jeden Tag von fünf Uhr Morgens bis zu Sonnenuntergang, denn ein Königsberger Frachtfuhrmann war unser Spediteur und Conducteur. Seine Passagiere, wiewohl er freundlich und gut mit ihnen verkehrte, waren ihm in Bezug auf sein Fuhrwerk doch nicht viel mehr als eben so viele Frachtstücke, seine gewaltigen Pferde ihm aber lieber als seine eigne Leibesbequemlichkeit und als die ganze Welt. Darum galt aber auch ein Jegliches von den Thieren für ein Prachtexemplar. Das Stangenpferd war ein kolossaler Hengst, den sein Herr von einem Thüringer Fuhrmann für hundert Dukaten erhandelt hatte, ein Goldfuchs, der auch wie Gold glänzte und einen Maulkorb trug, weil er um sich biß wie ein böser Hund; daß er dazu auch ausschlug, verstand sich von selbst, und wiewohl das viel Unheil anrichtete, so kitzelte es doch den Stolz des alten Fuhrmanns, so ein Roß zu besitzen. Es war darum auch der Liebling seines Herrn, und dieser fütterte den schlimmen Fuchs bei jeder Mahlzeit mit einer Schnitte Brot aus der Hand, indem er gelegentlich versicherte: „Seine drei Jungen zusammengenommen hätten ihm noch nicht so viel Freude gemacht wie der Thüringer-Hengst auf dieser ersten Tour, und ein mächtigeres Stangenpferd für einen Fuhrmann gäbe es nicht auf der ganzen Welt." Die andern Pferde waren übrigens nicht viel kleiner und alle kastendick, weil sie nie aus dem Schritt kamen und keinen Augenblick aus der nie ermüdenden Obhut ihres Herrn. Als ich daher späterhin im lateinischen Gedike zuerst das Sprichwort lernte: „Des Herrn Auge macht die Pferde fett;" so war ich der einzige Junge in ganz Sexta, der den tiefen Sinn dieser kuriosen Combination von Augen und Pferdefleisch begriff. Ein anderes Sprichwort von ähnlich kühnem Witz verstand ich so glücklich nicht. Ein Kesselflicker sagte nämlich zu unserer Dienstmagd, als er den geflickten Kessel wieder zurückstellte: „Nu, mein liebes Kind, hab' ich das meinige gethan, thu' sie das ihrige, nehme sie ein Viertelpfund Menschenknochen, das putzt blanker wie ein Centner Ziegelmehl." Das Frauenzimmer sah den Rathgeber verdutzt an, und ich hab' Jahre lang gegrübelt, warum denn ein Menschenknochen besser blank machen soll als Ziegel oder Sand. Ein älterer Junge, der für erschrecklich klug galt, belehrte mich, das müßten gebrannte Menschenknochen sein, nämlich zur Politur, und ich meine, der Junge hat in seiner Dummheit eine tiefsinnige Wahrheit gesagt. Verbrannte, pulverisirte, mürbe Menschenknochen und Culturpolituren stehen in tiefer Beziehung, in innigster Reziprozität, und wo die Politur nicht die feinste ist, da sind die Knochen gewiß desto fester. Cultur und Politur brennen auf die Knochen, und gebrannter Knochen erzeugt Politur!

Als ich jene Reise machte, da war das Leben in Ostpreußen von der Bildung des neuen Jahrhunderts erst auf der Oberfläche berührt. Die Grundvesten des achtzehnten Jahrhunderts lagen alle noch fix und fest, und man wußte im praktischen Leben und Verkehr von keiner andern Idee als von einer vagen oder fixen, deren jede zugleich für eine hirnverrückte galt. Ich war dazumal freilich zu kindlich und zu jung, um über

Ideen zu spintisiren; aber in der Erinnerung wird mir's klar, wie es dazumal in der Welt stand und ging.

Unsere Fahrt konnte für eine Symbolik und Allegorie der damaligen Sitte und Lebensart gelten. Immer langsam voran und weder rechts noch links von der bekannten Straße gewichen, das galt als die äußerliche Ordnung und schwerfällige Disziplin; innerhalb derselben aber waren Herz und Phantasie desto geschäftiger und überall frei. Heute ist das umgekehrt. Der Mechanismus der Bildung ist vollkommen ausgearbeitet, die Chablonen schieben sich von selbst unter und die Seele kommt den fertigen Formen nirgend nach. Sonst überwucherte das Leben die weitläufigen und einfachen Spalierwerke der Schule und Convenienz wie Weinranken oder Liguster; im jüngsten Welthumor aber gibt es so viel Vexirschläge und Vexirlöcher, daß Witz und Seele nicht mit sich Eins werden können, zu welchem Loch hinein oder heraus gemaust werden soll.

Was war das für eine einfältige Zeit gegen heute! Unser Fuhrmann glaubte an sein Vaterunser, an das Essen und Trinken, das er im Magen, an das Geld, das er im Beutel hatte und an seinen Fuchs. Seine Pferde zogen in Kummeten jedes über einen halben Centner im Gewicht, und der Mann selbst zog in dem schweren Joch und Kummet seines *ora et labora* um so leichter, als das Rüstzeug ins Gewicht fiel. Unter dem damaligen Absolutismus bildete sich die Poesie und Seele einen Charakter zu, den man sonst ein Gemüth nannte, und in dem heutigen Liberalismus verpufft diese Seele, man weiß gar nicht wie. Heute traktirt man das Gemüth wie eine Grobheit oder eine Fabel, in Übereinstimmung mit Herbart, der die sogenannten Seelenvermögen den mythologischen Wesen zugezählt wissen will, und dazumal war das Blasirte, von dem die moderne Bildung ihren sittlichen Staat macht, nicht einmal dem Namen nach bekannt, so wenig wie der Riß durch die

Welt und durchs Herz. Ich weiß es nicht! Gab es einen oder keinen Riß durch die Welt, oder gab es mehr Klunkern und Lumpen als heute, um den fatalen Riß zu verstopfen? Genug, man sah und hörte Nichts davon, so wenig zu Hause wie in der Zeitung, die ich, beiläufig gesagt, erst seit meiner gesetzlichen Mündigkeit ordentlich zu lesen begann.

Heute geht der Weltriß durch jedes Krähwinkel- und Philisterherz; aber kein Ritter bringt den Spalt mit seinem Körper zum Schluß, wie doch einst der Römer Curtius gethan. Es gibt aber auch keine alten Ritter mehr, und die vom neuen Schlage würden von dem großen Weltriß abschläglich beschieden werden, d. h. sie würden auf den Riß gehn, ohne dem Riß gestanden zu haben; oder der Riß würde sie wieder ausspeien und ein Riß bleiben vor wie nach, vermuthlich weil er nicht homöopathisch, d. h. mit Patienten, nämlich mit Rittern kurirt sein will, die selbst angerissen und doch nicht mal naturtrunken, sondern nur künstlich, z. B. lyrisch-politisch illuminirt sind. Was uns Reisende von dazumal betraf, so waren wir keineswegs angerissen und gleichwohl gemüthlich illuminirt, und so schickten wir uns denn nicht minder zu unserem Fuhrmann, wie dieser langsame Fuhrmann zu uns. Die Eisenbahnen hatten uns dazumal noch keineswegs die Reisegeduld verdorben, und somit wußten wir in Seelen- und Gemüthsruhe zu verarbeiten, was uns so gemüthlich langsam in Raum und Zeit unterbreitet ward. Ich denke überhaupt, man muß volle Zeit haben, zu leben, somit auch Zeit genug, um zu reisen, und die ganze berühmte Schnelligkeit dieser Zeit wird auf die Letzt' eine Schnellerei und Prellerei und die eitle Renommage eines Zeitgeistes gewesen sein, der, ohne rechten Schwerpunkt und ohne Gemüth, wie er war, nirgend zur Ruhe kam. Es ist eine leidige Wichtigthuerei mit dieser Ersparniß an Zeit. Die Leute beschleunigen ihre Geschäfte, sie stimuliren und extrahiren ihre Lebensarten und haben, wenn

Gott den Schaden besieht, mehr lange Weile und weniger Zeit als je! Eisenbahnen sind unsrer überall schnellfahrenden Zeit an ihrem Wagen das fünfte Rad. Die Leute haben so schon Unruh' und Überfüllung und müssen durch einen solchergestalt hin- und hergeschnellten Verkehr vollends um alles Sitzleder und um den Rest von Gemüth und Charaktereigenthümlichkeit geprellt werden. Für die Masse aber ist nur Tiefe in der Einseitigkeit, Glückseligkeit nur in eingelebter und festgehaltener Form. Viel Neuigkeiten, viel Ideen zu assimiliren, hat das Volk weder Zeit noch Beruf. Die alten Leute gingen überall langsam zu Wege und erreichten ihren Zweck mit mehr Comfort; denn dieser Comfort steckt noch mehr in der Seelenruhe als in der Äußerlichkeit und in der Hast. Auch wir Reisenden gen Königsberg erblickten endlich unser Ziel.

Eine Meile vor der Stadt machten wir vor einem Kruge Halt, um uns und die Thiere zu restauriren. Das lang ersehnte Ziel unserer Reise lag mit seinen Baulichkeiten und Erbaulichkeiten, zunächst aber mit seinen Kirchthürmen vor uns in einer Ausdehnung, die sonst nur Städte haben von einer doppelt so großen Einwohnerzahl. Königsberg ist weitläufig und auf Bergen gebaut und schließt Gewässer, Brücken, Wiesen, Bollwerke, Dämme, Gärten, Kirchhöfe, gewaltige Speichermassen, Schiffbau- und Ausladungsräume, große Gehöfte, freie Straßenplätze, wüste Baustellen, Acker- und Hütungsland, kurz, die köstlichsten Contraste und all solche Scenerieen und Bestandtheile in sich, die wenigstens für meine Imagination zur Poesie, zur Freiheit und Liebenswürdigkeit eines Ortes gehören und ihn unendlich segensreicher für Kinder, unendlich genugthuender und studienreicher für poetische gleichwie für denkende Menschen machen, als ein Dutzend schnurgerade Hauptstraßen und monoton geschmackvoll dekorirte Häuserkolosse, die absolut physiognomielos und ohne allen historischen Ton, in demselben Bodenniveau wie eine Wachtparade aufmarschirt stehn. Wenigstens sind sie keine Entschädigung für die freien und romantischen Elemente eines Land- und Schifferlebens an einem Orte wie Königsberg, zu welchem die natürliche Mahnung und der anfrischende Hauch der Ostsee herüberweht, zu dessen Thoren ein Landleben hereingerückt ist, von welchem die Vorstädte den Ton und die Physiognomie ganz offner und stiller Landstädte gewonnen haben. Man muß das Alles gesehn und in Kinderjahren etwas Ähnliches erlebt haben, um mein Entzücken zu begreifen, als ich auf solchen Schauplatz gebracht ward. Ich war wie berauscht, durch keine Zwangsmittel im Vollgenuß und Verkehr mit all diesen Elementen sonderlich beschränkt, und sonach wie im Paradies.

Vor der Hand bot unser ehrlicher Fuhrmann, der auf dem untern Haberberg wohnte, uns gastfreundlich den Aufenthalt in seinem eignen Hause; sodann zogen meine Pflegeeltern nicht weit davon in eine Wohnung neben der Einfahrt zum Schwarzen Roß, einem Gasthof für die Landbewohner und Fuhrleute, der seit einem halben Jahrhundert weder Schild noch Lebensart verändert oder renovirt hat, so wenig wie ganz Königsberg, trotz des politischen Organs, das in der jüngsten Zeit dort ausgesprossen ist, man weiß eigentlich nicht wie und woher! Das Genie liegt aber in alten Residenzen, wie in unbeachteten Individuen, oft bis zur Schwabenmündigkeit brach, wo es dann seine Decke zersprengt, wie Springquellen, die ein Erdreich und einen Ort überschwemmen, bevor noch Polizei und Wasserbaukunst um Erlaubniß gefragt worden sind.

Das Schwarze Roß

Menschenverkehr mit den Hausthieren und *contra* Pferdefleisch-Vereine

Jene Gast-Einfahrt zum Schwarzen Roß, so unmittelbar an unsrer Wohnung, war mir vom ersten Augenblick ein nie versiegender Quell von Lebens- und Verkehrsarten, von Beobachtungen, Studien und allerlei Satisfaction.

Es gab da immer Fuhrleute, Handwerksgesellen, Bauersleute, vor allen Dingen aber Pferde und Angespann, und an allerlei Gassenjungen, Bettelleuten, Schacher-Juden, Dialogen, Auftritten, Redensarten, großen und kleinen Affairen, Scenen und Historien fehlte es demnach zu keiner Zeit. So stürzte einmal in dem Augenblick, als ein Frachtfuhrmann in den Hof gefahren kam, das Sattelpferd vor dem Wagen zusammen und kämpfte vor den Augen der Umstehenden seinen Todeskampf aus. Ich stand nicht fern und sah Alles mit an. Ich war ja mit solchen Pferden von Warschau gekommen, ich wußte, was sie im Leben leisten müssen und was sie ihrem Herrn bedeuten, darum begriff ich den Jammer des Fuhrmanns. Nachdem er sogleich dem Thiere alle mögliche Erleichterung geschafft, es aus den Seilen gespannt und mit Hülfe des Hausknechts zur Seite gedreht hatte, legte er ihm Heu unter den Kopf, damit ihn sich das arme Thier im Todeskampf auf dem Pflaster nicht so zerschlagen möchte. Dieses sah seinen Herrn auf eine herzbrechende Weise an, wie wenn es ihm für die gute Behandlung hätte danken wollen, und der Mann lamentirte und sprach mit seinem alten Sattelpferd wie mit einem Kameraden: „Na alter Hans, willst du denn wirklich sterben? Mein altes Vieh, was ist dir denn? Du wirst doch deinen Herrn nicht hier im Stich lassen?“ Dabei liefen ihm die Thränen über die Backen, und so weint’ ich denn mit.

Es war, so viel ich mich erinnere, das erste Mal, daß mich so eine ganz besondere Ahnung von der Bedeutung des Todes in der Welt beschlich, und von der sittlichen Beziehung, in der die Menschen zu den Hausthieren und insbesondere zu den Pferden stehen, die ihre täglichen Gesellschafter, ihre Reisegefährten, ihre dienstbaren Creaturen und Mitarbeiter sind. Und wenn ich bis jetzt weiter nichts von dieser Gegenseitigkeit in Erfahrung gebracht hätte, so würde die eine Scene, die ich da als Kind in dem Gasthofe erlebte, mich genug gelehrt haben, um zu fühlen, daß die modernen Pferdefleisch-Vereine im sittlichen Widerspruch mit den Vereinen gegen Thierquälerei stehen, weil sie eine Gefühllosigkeit und einen Mangel an sittlichem und poetischem Takt involviren, den sich in alter Zeit kein Fuhrmann, kein Kavallerist und kein Ackerwirth innerhalb seiner Sphäre sobald zu Schulden kommen ließ. Aber „*de gustibus non est disputandum*". Nur dies will ich noch behaupten: daß, wenn man die Thiere mit Menschlichkeit behandeln soll, man sie auch als Wesen betrachten muß, die zum Menschen schon um deswillen in sittlicher Beziehung stehen, weil in dem Umgang mit Thieren der Menschenverkehr vorgebildet wird, und daß wir kein Fleisch von Thieren essen können, mit denen wir selbst oder unseres Gleichen so kameradschaftlich leben, wie dies mit dem Pferde geschieht, das selbst unsere Schlachten mitkämpfen muß. – Mit Rind, Schwein und Schöps ist das ein anderes, und wer's nicht selber empfindet, dem ist es nicht zu beweisen. Genug, es ist ein Elend, Thiere abschlachten und verzehren zu müssen, mit denen man so zu sagen Du auf Du geworden ist. So eine Hausfrau hat da eine Liebhaberei an Federvieh, weil sie vom Lande ist, und immer mit allerlei Creaturen zu thun gehabt hat. Anfangs werden denn die armen Creaturen mit der Absicht gekauft, sie abzuschlachten, sobald es an frischem Fleische mangeln oder ein Gast kommen wird, dem man kein altes Kuhfleisch anmuthen kann. Mittlerweile werden nun die Enten und Hühner von der geschäftigen Wirthin nicht minder gefüttert wie von den Kindern und der Magd. Die Thiere lernen ihre Versorger kennen und werden mit ihnen ganz dreist und familiär. Einzelne sehn sich um ihrer besondern Klugheit und Leibesschönheit oder um ihrer nekkischen Manieren willen zu Lieblingen avancirt, – und nun kommt die Stunde, da sie dem Tode verfallen sind. Das ist ein Elend, die Köchin mag sie nicht schlachten, die Kinder kommen mit Fürbitten für ihre Lieblinge; solche Parteilichkeit weckt dann aber das Mitleid mit den zum Opfer erlesenen noch mehr. Die Hausfrau ist ganz wie auf den Mund geschlagen und hat eine Empfindung von Mord. Zuletzt werden die geschlachtet, die sich am besten greifen lassen, weil sie am zutraulichsten sind. Die liebe Frau stiehlt sich an den frisch geschlachteten Körpern wie an Leichen vorbei, und beim Mittage haben die Betheiligten keinen Appetit.

Es ist gewiß, daß man hier im nordischen Clima und bei dieser schweren Arbeit Fleisch genießen und somit Thiere schlachten muß; aber eben so gewiß ist es auch von sittlicher Bedeutung, ob wir eben die Thiere umbringen und verzehren, mit denen wir so zu sagen intim geworden sind.

Ein Nachsinnen über das Verhältniß des Menschen zu den Thieren, und insbesondere zu den Hausthieren, hat mich jedesmal noch zweifelhafter und rathloser gemacht, als ich darüber von Anbeginn gewesen bin. Die Gefühllosigkeit gegen die Thiere wirft einen schwarzen Schatten auf das Menschenthum überall.

Es ist ein ganz sinnloser Gedanke, die Thiere eben nur als Mittel für die Menschen und nicht zugleich als Selbstzwecke zu betrachten; sie aber bloß als nothwendige Lebensmittel auch in der Moral und im Kinderkatechismus vorzustellen, ist eine förmliche Kannibalenphilosophie.

Eine Frau Wirthin. Die Lebensarten in einer Ausspannung Der Verkehr mit den Leuten aus dem Volke

Ich komme aber wieder auf meine Herberge zum Schwarzen Roß und gestehe, wie seit der Zeit, daß ich mich da so herumtummelte und diese Art von Existenz und Lebensverkehr vom Zusehn kennen lernte, ich eine ganz ausnehmende Vorliebe für Herbergen profitirt und für die Lebensarten, die da zu haben sind.

Wo immer in einem Roman, einer Komödie, Biographie und Historie so eine Gast- und Krugwirthschaft für Reisende und allerlei Volk dargestellt ist, da arbeitet und spielt meine Einbildungskraft ohne viel Nöthigung in den lebhaftesten Tönen und Farben des wirklichen Lebens, daß es eine Art hat.

Ich sehe den Herbergsvater in seinem unverwüstlichen Gleichmuth, in dem stereotypen Comfort von bequemem Hausrock und Pantoffeln, von Sammetkäppchen und langer Pfeife, in dem ganz behaglichen Negligé, die spendable Tabaksdose nicht zu vergessen, so wie die alten und neuen Redensarten, die sich zugleich mit der Prise an den Mann gebracht und doch wieder für die nachfolgenden Gäste in die Tasche gesteckt sehn.

Ich schaue die Frau Wirthin in dem ganz entgegengesetzten Rhythmus und Lebensprinzip: rührig, geschäftig, überall risch und frisch, an ihrem Leibe proper und fest, wie sie um sich herum Alles abwischen, abkehren, zurechtstellen und in Ordnung bringen, Alles ordiniren, im Gang' erhalten und Alles im Auge behalten muß, und somit nicht ohne Genugthuung und Selbstgefühl das Hausregiment führt. Ich sehe, wie sie die angekommenen Gäste mit prüfenden und doch mit wohlwollenden Blicken taxirt, wie sie dieselben als Pfleg'- und Obhutsbefohlene mit freundlichen und encouragirenden Worten zur Rede heranholt und die dreisten Spässe aufgelegter oder distinguirter Reisenden mit der besten Laune wieder zurück gibt. Während dessen aber seh' ich die Gute ab und zugehn, ohne Aufhören in die unter der Schürze obenaufgebundne Geldtasche greifen, Geld zurückgeben, Geld einstreichen, schön Dank sagen, zum Wiederkommen einladen, das Herdfeuer anschüren, die Töpfe umstellen, die Kinder bemuttern, die Mägde rectifiziren, seh' ich sie den Spiegel einen Augenblick befragen, Sechserlei in einem Umthun, auf einen Griff, in einem Vorbeistreifen, mit einem einzigen Manöver verrichten und über Seite thun, und das Alles in der angemessensten Stimmung, mit dem besten Muthe, mit dem gesundesten Mutterwitz, ohne Übergeschäftigkeit, ohne Phlegma, ohne Überspannung und doch mit gleichmäßiger Theilnahme und mit dem unvergleichlichen Hausfrauentakt, der keinem Dinge zu viel und zu wenig thut und Alles im kürzesten Prozeß mit dem richtigen Zug und Ruck aplanirt, in dem vollkommenen Bewußtsein der hausmütterlichen Würde und der Obliegenheit, mit dem richtigsten Instinkt über die Natur des jedesmaligen Falls, sowie über den Charakter der Personen, den Ort, die Zeit und die Gelegenheit. Ich sehe diese meine Wirthin streng und linde, ernst und scherzhaft, Alles sehend und Vieles übersehend, Jedermann im Zügel haltend und wieder locker lassend, den phlegmatischen Hausherrn in außerordentlichen Fällen ein Bischen zum Tummeln drängend, aber doch mit Rücksicht und Respect vor seinem hausväterlichen Ansehn, vor seinem wohlerworbenen Anrecht auf Bequemlichkeit, und immer mit dem guten Gefühl und Vornehmen, dem Hausvater und Gatten diese Behaglichkeit mitbereiten und erhalten zu dürfen, so lang es die eigene Rüstigkeit erlaubt.

In allen diesen Qualitäten, in allen diesen Elementen seh' ich das Ideal einer Gast-Wirthin vor mir, sobald nur das Wort

„Herbergswirthschaft" oder „Frau Wirthin" mein Ohr berührt.

Ich las in zarten Jahren schon in einem alten Schmöker den Don Quixote, wie den Fallstaff, und war vollständig bei der spanischen Wirthschaft in Spanien, sowie bei der englischen im Eberkopf; und so war ich in jeder Komödie und in jedweder Geschichte orientirt und ins Zeug gesetzt, sobald ich nur das erste Wort von einem Reisenden oder einer Kneipwirthschaft vernahm; ja, sobald ich nur eine Herbergs-Coulisse oder ein Reise-Costüm sah. Und ich kann sagen, ich habe Glück mit dem ganzen Artikel gehabt. Die Herberge auf den Brettern und die aus der wirklichen Welt haben sich in meiner Einbildung immer aufs Beste vertragen und akkompagnirt, und alle Wirthinnen, die ich seit meinem Urbilde im Schwarzen Roß erblickte, sei es in der idealen oder realen Welt, waren die gut gehaltenen Variationen auf das Urthema, das mir in meiner Königsberger Kindheit aufgespielt ward.

Gewißlich wahr, so eine gemüthliche, behagliche Gastwirthschaft dritten oder zehnten Ranges ist, wenn sich Wirth und Wirthin ganz und gar drein schicken und ins Zeug legen, und die Nahrung, wie's die Leute nennen, gut geht, eine ganze Welt im inhaltreichsten Auszuge, repräsentirt in allen echt menschlichen Elementen und Qualitäten, indem Elemente des Geschäftsverkehrs, des Handels und Wandels, der leiblichen Nahrung und Nothdurft, des Erwerbs, der Unterredung, des geselligen Verkehrs, der Erzählung, des Mutterwitzes, der herzenseinfältigen Begegnung, der vielfältigsten Lebensverlegenheiten und Bedrängnisse, der Sorgen und Aushülfen. Es ist da keine Verstellung, keine Künstlichkeit, keine Lüge und Unnatur; es ist ein Verkehr von Reisenden, die sich, verglichen mit den hinter dem Ofen Gebliebenen, immer in einer Art von Aufregung, in einem sittlichen Stimulus, einem auf That und Willenskraft gegründeten Selbstgefühl, in einer illusorischen, außergewöhnlichen Stimmung und Anspannung, weil in allerlei Erlebniß und Begebniß, befinden. Reisende, zumal aus dem Volke, sind in der Regel gutartig, mittheilsam, aufgelegt, offen, gesprächig, kurz, in ihrem *Esse* und Element. Auf Reisen lebt der geringste und schlichteste Mann besser als zu Hause, er trinkt da Bier und Brantewein, er hat dazu ein Stück Fleisch oder Speck in Reserve. Was ihm zu Haus nur Sonntags vergönnt ist, das genießt er jetzt für ganz ordinär. Er ist überhaupt ein Mann, der für sein Geld lebt und was drauf gehen läßt. Das Alles illuminirt ihn, forcirt ihn, macht ihn unternehmender, geweckter als zu Hause. Er stellt sich wohlgemuth, mutterwitzig, mündig und in voller Handlung dar; ihm ist die Welt noch ein vielverheißendes Abentheuer, er selbst fühlt sich mehr oder minder klar als eine Art von Abentheurer oder Ritter und Pilgrim, kurz, als einen ganz andern Kerl wie zu Hause in Werkeltagsverhältnissen und bei harter Arbeit und im Einerlei. So ein Mensch aus dem Volke weiß, daß es etwas zu bedeuten hat, so unterwegs zu sein, so in der Welt sich umzuthun und für sein Geld zu kommandiren, wie ein rechter Mann, sich was zu versuchen und sich als Reisender mit den Leuten von Stand und Rang in dasselbe Niveau und gleichsam in eine Kategorie, weil in das gemeinschaftliche Reiseschicksal, gestellt zu sehn, und er pränumerirt sich im Voraus die Scenen und Effecte, die das geben wird, wenn er nun wieder zu den Seinigen kommt. Das Alles macht ihn denn unterwegs zu einem ganz andern Menschen, der alle Potenzen und Tonarten ausspielt, die irgend in ihm verborgen und daheim gewöhnlich brach geblieben sind. So ist der Fall wenigstens mit den Reisenden aus dem Volke, mit weit in die Fremde reisenden Frachtfuhrleuten, mit tief aus der Provinz kommenden Bauersleuten und Hofknechten, mit Wanderburschen, Wirthschaftern und dergleichen mehr. So war es wenigstens vor dreißig, vor zwanzig Jahren noch in der ostpreußischen Welt. Heute ist's an vielen Orten und bei vielen Leuten nicht mehr so; denn mit den so sehr erleichterten und allgemein gebrauchten Verkehrsmitteln, mit den überall geordneten, den kontrolirten und verkürzten Wegen, mit den vereinfachten Reisemitteln ist auch das Abentheuer, das Verdienst, das Wagniß, die sittliche Anspannung, die Genugthuung, die Illumination, die Poesie, kurz, Alles das aus dem Leben und insbesondere aus den Herbergswirthschaften entschwunden, was diese sonst zu einer unerschöpflichen Fundgrube von Studien, Erlebnissen, Lebensarten, Historien und Schulen gemacht hat. Und auch ich habe diese Studien in kindlicher Beobachtung auf meine aparte Weise, und so gut es gehn wollte, absolvirt und in reifern Jahren mit dem besten Gewinn ausgebeutet, ergänzt und repetirt.

Die Poesie des wirklichen Lebens und Welttreibens, der gesunde Kern und das echte Menschenthum in all den Existenzweisen des Volkes, in dem Handel und Wandel der Landleute, der Gewerbetreibenden, der Schiffer, der Soldaten, der Handwerker, Höker, Gastwirthe, Taglöhner und Bettler ist nirgend genugsam in Rücksicht und Rechnung genommen und von den sogenannten Volksfreunden und Popularphilosophen oft am wenigsten verstanden und respektirt.

Außer den Leuten, die ihrer Stellung und Bestimmung zufolge von allerlei Lebensarten und Daseinsweisen Notiz nehmen müssen, weil sie selbst in alle möglichen Lebensberührungen kommen, – wie z. B. die Chirurgen, die Schulmeister, die Bürgermeister, die Amtsactuare, die Patrimonialrichter, Amtleute, Schul-Inspectoren, Dorfprediger, Handlungsreisenden, Polizei-Inspectoren, Feldmesser, Hofmeister, Wirthschaftsbeamte, die zum Canton-Geschäft und zum Rekruten-Exerziren kommandirten Militärs, – und außer den Poeten, den Malern und solchen genialen Naturen, die es durchaus drängt den eigentlichen Lebensstoff und den Zeug aus unmittelbarer Anschauung und im eigenen Erlebniß kennen zu lernen, aus dem die Cultur- und Weltgeschichten ihren Staat und die Literaturen ihre Zeitungen, ihre Novellen, Komödien und Skripturen fabriziren, wissen namentlich die professionirten Herren Philosophen, die höhern Staatsbeamten, die Regierungspräsidenten, selbst die Herren Landräthe, wofern sie aus bloßen Referendarien geschnitzt wurden und noch nicht altbacken geworden sind, vollends aber die Fürsten und alle großen Herren so wenig wie möglich von diesem Volk, von seiner Poesie und von seiner Gottesstimme, die allerdings auch vorhanden ist, wenn man sie bei der rechten Gelegenheit in der richtigen Weise und mit dem rechten Organ auszubeuten versteht.

Meine kindlichen Studien am Leben im Schwarzen Roß und mein Glaubensbekenntniß vom Umgange mit allerlei Volk

> Darum sollt ihr nicht stolz thun und über eure Brüder hinwegtreten wie über Kiesel im Wege, weil sie eure Diener sind. Auch sollt' ihr nicht Alles begehren, was ihr bezahlen könnt; sondern sollt groß sein in Mäßigkeit und reich an Wohlthun; denn sie werden euch auf den Rücken niederlegen, euch die leeren Hände über die Brust falten, den Sargdeckel über euch decken, und sprechen: Gott befohlen!
>
> Mnioch

Was mich nun betraf, so machte ich meine Lebens- und Menschenstudien in dem Gasthofe zum Schwarzen Roß, daß es nur so eine Lust war, – ob eben für meine Pflegeeltern, das mag dahingestellt sein; denn ich brachte außer zerrissenen

Ärmeln und beschmutzten Beinkleidern noch allerlei Redensarten, Kraftausdrücke und schlechte Witze nach Haus, die mir von Gottes und Rechts wegen nicht selten mit Jagdhieben honorirt wurden und mit Einsperrung obenein. Im Ganzen nahm man es aber dazumal nicht eben übertrieben genau mit solcher aufgeangelten Unart und Gassenmanier; weil man der richtigen Meinung war, daß alles angenommene Wesen späterhin von dem innern, nobeln Lebenstrieb leicht genug abgestoßen wird, und daß im Guten wie im Bösen doch eigentlich nur dasjenige dem Menschen anhafte und leibhaftig zugebildet werde, was seiner Natur wahlverwandt sei. Die damals erlernten Unarten sind längst vergessen, die geflickten und beschmutzten Kleider wahrscheinlich über die Lumpenmühle zur Muttererde zurückgekehrt; als baarer Gewinn ist mir dagegen eine Grundlage zur Kenntniß des gemeinen Mannes, ein Herz und Interesse für allerlei Volk und Gesinde, ein Sinn und Verständniß für allerlei Lebens- und Redensarten, ein Ton vom Leben und Dasein, kurz ein Element zurückgeblieben, das ich heute nicht gegen die Dinge vertauschen möchte, die mir bei meinem Gassenleben und bei meinem Umhertreiben im Schwarzen Roß etwa bis heute entgangen sind.

Was für mich nun über allem Zweifel erhaben dasteht, ist die Wahrheit: daß in den sogenannten gemeinen Lebensarten, d.h. in den Daseins-, in den Empfindungs- und Vorstellungsweisen der Leute aus dem Volke, der Arbeits-, Bauers-, Dienst- und Handwerksleute, der Überrest von natürlicher Lebens- und Denkungsart eben konservirt wird, den die hochgebildete und gelahrte Welt fortwährend mehr absorbirt, und daß kein Mensch was Ordentliches und Herzhaftes von dem natürlichen Menschenthum und Menschenschicksal in Erfahrung bringen kann, wenn er es nicht im herzlichen und ebenbürtig erachteten Umgange mit den niedern, den dienenden und handarbeitenden Classen irgendwie an sich kommen läßt. Denn gleich wie der Armuth, der Sorge und Noth und dem puren Naturalismus alle bösen Laster und Gemeinheiten zu Begleitern mitgegeben sind, also auch alle schönsten und wahrhaftigsten Tugenden, Martyrien, Menschenfühlungen und Heldenthaten, Treuherzigkeit, Gastlichkeit, Freundschaft, Herzlichkeit, Freud- und Leidseligkeit, Frömmigkeit, Hingebung, Todesverachtung und jegliches Menschenthum! – Im Volke treibt der Witz und die Lebenskraft, nicht in den Gelehrten! – Der Magister ohne Genius ist noch dümmer als irgend ein anderes Menschenkind; denn der Schulwitz frißt ihm das Bischen Mutterwitz auf, das er allenfalls mit auf die Welt gebracht hat.

Symbolik in Baulichkeiten, Scenerieen und Lebensarten Weltuntergang, ein Gesicht im Schwarzen Roß

> Unsere Personen, so wie Alles, was wir erleben, Alles, was wir auf Erden um uns sehn, sind nur Gleichnisse, sind nur große und geheimnißvolle Räthsel, wenn wir sie nur immer verstünden. Unser ganzes Leben muß figürlich genommen werden; denn was sind wir denn selbst als Figuren?
>
> Almquist

Eine große Stadt, die wir zum ersten Mal beim Bleigrau des Morgens betreten, hat (für mich) etwas grauenhaft Wüstes. Je volkreicher sie ist, je mehr Menschen du weißt, daß in den aufgethürmten Steinhaufen jetzt bewußtlos liegen, um so unheimlicher wird die momentane Öde, die düstre Stille, während noch am Pflaster, am Steine die Reste des Lebens von gestern kleben. An diese Klinke faßte eine trunkne Hand, an dieser Schelle riß der Übermuth;

die Frühstrahlen der Sonne treffen noch die letzten Athemzüge der Luft, die leichten Wolkenstreifen dort sind der Dampf vom gestrigen Leben; zu weiter nichts wußte es sich zu gestalten, und schwebt nun leiblos und seelenlos über den Häuptern und Leibern derer, von denen es ausging und schied. Sie selbst hält der physische Tod mit bleiernen Armen umschlungen, eine unbußfertige Welt. Einige Glockenschläge noch und das Leben erwacht wieder aus ängstlichen Träumen zum erneuten wirren, bunten Treiben, zur Fortsetzung der Lust, und es ist ein Tag wie der andre. Oder ein andrer Glockenschlag tönt, der Stoß in eine Trompete, so menschliche Ohren nie vernommen, und diese ganze Welt, die sich schlafen gelegt um zu erwachen, erwacht nie wieder oder da, wo man sich nicht mehr zum Schlafen niederlegt. Wer bürgt dir dafür, daß sie wieder aufstehe, daß es nicht ihr letzter Tag war, daß nicht der Mund eines gewaltigen Zauberers eben jetzt das „Sei gewesen" aussprach? Und zu wem redeten dann diese tausend Mauerplakate und wovon? Von einem Schauspiel, das heute nicht mehr ist. Und wären die Steinhäuser und Thürme dauerndere Symbole von dem, was gewesen, als die von Knabenlust gestern halb herabgerissenen Zettel, mit denen heut' der Morgenwind spielt! Von Karthago ist nichts zu sehn, als rother Sand. Was bliebe nach tausend Jahren von Paris und von Wien!

Wiener Bilder von Willibald Alexis

Gewisse Wohnungen und räumliche Verhältnisse, gewisse Baulichkeiten, Gehöfte, Straßenplätze oder Gassenwinkel, gewisse Scenerieen, gebildet von grasbewachsenen Räumen und allerlei Mauerwerk, haben auf mich von Anbeginn einen magischen Reiz ausgeübt, haben meine Seele mit unaussprechlichen Lebensfühlungen, Gesichten und Träumereien berauscht.

Die Vorstädte, die Thore, die Stadtmauern, die stillen und grasbewachsenen Speicherstraßen, die Kirchhöfe, die freien

Anger und Bleichplätze, die Brandstätten und wüsten Baustellen, die verfallenen Wallgräben, die Stadtviertel, wo die letzten Häuser stehn; das waren meine Entdeckungsreisen, da mocht' ich am liebsten sein!

Schon in zarter Kindheit hat mich der Ton getroffen, den eben solches Bauwerk und solche Scenerie zu den verschiedenen Jahres- und Tageszeiten bei allerlei Witterung und Beleuchtung in der Menschenseele erweckt, und ich habe auch mehr und minder deutlich die Harmonie oder Disharmonie der menschlichen Handlung, Beschäftigung, Gemüthsstimmungen und Situation mit den Scenerieen und äußern Gegenständen gefühlt.

Ich sprach da von einem Ton – es ist das aber eine Zeichen- und Bildersprache, eine Harmonie oder Disharmonie von geheimnißvollen Elementen, von Farben, Formen und Tönen zugleich, eine Symbolik, die kein Ästhetiker entziffern und kein menschlicher Mund aussprechen kann.

Durch gewisse Zeichen und Bilder, insbesondere durch einen gewissen Verein von Bauwerken und Naturscenerieen, unter der Mitwirkung der himmlischen Erscheinungen, der Beleuchtung, der Witterung, der Tages- und Jahreszeit, durch eine Concentration von lauter befruchtenden und symbolischen Momenten, durch ein Zusammenspiel der Welt- und Naturgeschichten, der Kunst und der Natur, der Weltgeschichte und der Biographie – werden in der Seele ganz neue Weltempfindungen, Sphären und Lebenspotenzen beschworen. Der Genius überkommt da in himmlischen Fühlungen und Gesichten, in ganz neuen Organen, neue Weltreiche, nie geahnte Existenzprinzipe und Configurationen, unerhörte Tonarten, Evolutionen und Rhythmen einer Weltharmonie, einer Weltökonomie und Weltenfülle, die ihn durch alle Schöpfungsmysterien und durch alle Himmel einer unbegrenzten und unerschöpflichen Seligkeit in die Unendlichkeit und Ewigkeit einweiht. Wen solche Verzückungen und Hellsehereien bei wachem Muthe nicht durchblitzt und durchspielt, wen gewisse Scenerieen und ihre Symbolik nicht in solche Schöpfungsträume gewiegt haben, der muß freilich jede noch so verhaltene Andeutung davon für Aberwitz ansehn.

Alle Prozesse, alle Formen und Gestalten dieser Welt, Farben und Töne spiegeln eine ideale Welt, eine himmlische Ordnung zurück. Alle Dinge und Zustände, Handlungen und Situationen bedeuten einen göttlichen Gedanken, verhüllen und enthüllen ein Geheimniß der Ewigkeit und wieviel auch entziffert und errathen werde, das Welträthsel bleibt für den Verstand ungelöst, und die natürlichen, die übernatürlichen Quellen, welche der Seele zuströmen, bleiben ungeleert.

Wenn nun aber alle Erscheinungen, alle Verhältnisse, alle Lebensäußerungen über sich hinauszeigen, wenn sie etwas Absolutes bedeuten, so geschieht es nothwendig, daß sich eben gewisse Proportionen und Raumverhältnisse, gewisse Formen und Farben, gewisse Licht- und Schattenmassen, daß sich gewisse physische und sittliche Momente, daß sich Handlungen und Gegenstände, Scenerieen und Situationen sekundiren, daß sie sich entweder ausschließen oder poetisch akkompagniren und interpretiren, daß gewisse Verrichtungen und Handlungen, gewisse Gedanken und Gemüthsbewegungen nur gewissen Tages- und Jahreszeiten entsprechend sind. In der Dämmerungsstunde, wo Tag und Nacht miteinander kämpfen, nimmt man schicklicher- und poetischerweise keine Rechenexempel, keine Controlen und keine Prügelexekutionen vor. Aus denselben Gründen weckt nur ein gefühlloser Informator mit Schlägen ein Kind aus dem Schlaf, und nur ein ganz seelenloses Menschenkind speit in eine schöne Pflanze oder wischt mit verwelkten Blumen Staub oder Schmutz hinweg, wie mit einem Staublappen oder einem Schwamm.

Ein letzter, sonnig verklärter Herbstabend an einem Sonn- und Feiertage, der mit seinen Glockentönen gleichsam den Sommer zu Grabe läutet, ist eine viel schicklichere Interpretation für wüste Bauplätze oder Ruinen, als ein frischer Wintermorgen ohne Schnee und Eis an einem Montage, der Jedermann zu frischer Thätigkeit antreibt, und der katholische, kunstsinnige, einbildungsreiche, träumerisch genießliche Italiener ist eine unendlich schicklichere Staffage für die Ruinen eines Weltreichs, als der politisch-formirte und gewerbfleißige, aber unästhetische und ausgenüchterte Engländer, – der Italien der Mode zu gefallen, aus Curiosität oder langer Weile, und gleichwohl mit ewig gähnenden Kinnladen und mit Karten und Anweisungen in beiden Händen und in allen Taschen besucht und wie ein Jagdterrain absucht.

In ein Gotteshaus marschirt auch ein Soldat, falls er symbolisch-poetischen Verstand hat, nicht gerne wie in ein Exerzirhaus, nämlich mit gleichem Schritt und Tritt, und ein exerzirter, ein kommandirter und commiß-uniformirter Gottesdienst ist für sinnige Seelen keine erbauliche Composition. Bestehe nun auch Jeder auf einer andern Harmonie und Symbolik, so bekennt doch ihre Existenz Jedermann.

Gewiß ist es indeß, daß die Seele in allerlei Menschen auf allerlei Weise und oft ganz entgegengesetzt organisirt und gestimmt ist; gewiß, daß es Organisationen gibt, die sich zu der Masse der andern wie Daguerreotypplatten zu gewöhnlichen oder schlecht präparirten Silber- und Kupferplatten verhalten, auf deren unempfindlicher Materie sich kein Sonnen- und Naturbild oder nur ein ganz unvollkommnes fixirt.

Wie die Jahres- und Tageszeiten, wie Sonne, Mond und Sterne, wie Tag und Nacht, Morgen und Abend, Mittag und Mitternacht, wie Regen und Sonnenschein, Hitze und Frost, wie Sturm und Donnerwetter eben in meinem lieben Gasthof zum Schwarzen Roß, in seinen Stuben, Stallungen, Gehöften und Thorwegen verkehrten und Historien produzirten, das hat mich in jedem Augenblick interessirt.

In Regen und Wind macht sich bekanntlich jede Gasse und Baulichkeit unausstehlich, um desto romantischer das Meer, der Forst, die freie Landschaft und das weite Feld.

In großer Mittagshitze ist einem schattenlosen Gehöft eben so wenig Comfort und Poesie abzugewinnen, wie im regnigten Wetter, wo die Hühner einen so kläglichen Anblick gewähren, daß ihn die wollüstig im Rinnstein schnatternde Ente kaum wieder gut machen kann.

Den Ziegeldächern fühlt man's im Sonnenbrand an, daß sie nach Regen dürsten und daß die Luft im Bodenraum abgekühlt sein will. Gewaltige Steinmassen, Kirchen- und Kellergewölbe machen bei Nässe und Kälte einen fatalen Eindruck, und laden dagegen bei großer Hitze, und besonders zur Mittagszeit, mit ihren kühlen Räumen, wie ein Wellenbad ein. Um Mitternacht und am frühen Wintermorgen machen die größern Städte einen mysteriösern Eindruck als am hellen Tage und in der Morgenfrühe der Sommerszeit, die unmittelbar an die Mitternacht grenzt, und wo hinter den geschlossenen Läden durchwachte und durchschwelgte Nächte in häßlichen Träumen und in Todesmüdigkeit gebüßt werden. Justiz-, Schul- und Fabrikgebäude, Aczise- und Gefängnißhäuser unter vielen grünen Bäumen oder in der Nähe von Wiesen und Gewässern machen um des Widerspruchs willen, in welchem Uniform, Schulzwang, Mechanismus, Disziplin, Schulstaub und Actenstaub, Control- und Hypothekenbücher, verknöcherte Juristen, engbrüstige Fabrikanten, versessene Schulpedanten, übeldressirte Schuljungen, oder Profosse und Gefangene zur freien, grünen, sprossenden Natur stehen, keinen sonderlich behaglichen Eindruck, am wenigsten auf denjenigen, der mit Criminal- oder Civiljustiz, oder mit Schul- und Soldatendisziplin irgendwie in übler Berührung gewesen ist.

Um desto besser schicken sich alte Bäume, Stille, Einsamkeit und Naturscenerie zu Kirchen, zu Klöstern und Kirchhöfen, oder auch zu Akademiegebäuden, wo Kunst und Wissenschaft in Freiheit des Leibes und der Seelen mit schöner Genugthuung erstrebt wird und mit lebendigem Impuls.

An Flüssen, an Quais und Gewässern, an Springbrunnen wandelt man lieber in trockner Sommerhitze als in naßkalten Herbst- und Frühlingstagen, und eine zur Winterszeit über Nacht allenthalben eingeschneite Stadt kann in einer gewissen Gemüthsstimmung und durch gewisse sich aufdringende Ideenverbindungen einen weniger widersprechenden Anblick gewähren, als wenn sie vielleicht an einem schönen Maientage und zum heiligen Pfingstfeste mit Guirlanden von Blumen und Blättern geschmückt wäre. Denn finstre Gassen und kalte Steinklumpen, städtische Convenienzen, oxidirte Geldmäkler, verstäubte Actenseelen und dergleichen mehr werden schicklicher und wahrhaftiger von der in Frost und Schnee erstarrten Natur, als vom bunten, hellen Frühlingsleben akkompagnirt.

Der hohe Sommer hat in seiner fruchtschwellenden, blätterreichen Üppigkeit etwas Phantastisches, das zusammt der Sonnengluth gar zu schön mit der unbeweglichen Ruhe grandioser Bauwerke und kalter Steinmassen kontrastirt und zugleich übereinstimmt.

Die rasch von der Winterfeuchtigkeit abgetrockneten, in Wind und Wetter auf der Oberfläche faserig gewordenen, im Sonnenlicht wie silbergraue Flockseide schimmernden Plankenzäune, Schindeldächer und sonstigen Holzbauwerke hatten dagegen für mich, besonders in den ersten sonnigen Frühlingstagen, einen Reiz, der mich im Herbste nicht so traf, weil ich im sprossenden Frühlinge das Todte und Verdorrte vom frischen Lebenstrieb so wie so überwunden wußte, im Herbste aber ringsum Alles schon an den nahenden Tod gemahnte, und somit auch an Sarg und an Brett. Alle solche Combinationen haben, wie sich von selbst versteht, des Willkürlichen und Persönlichen zu viel, um sie irgendwie als objectiv und gesetzgebend hinstellen zu wollen; Eines aber bethätigen und bestätigen sie, nämlich dieses: daß Jahres- und Tageszeiten, daß Wind und Wetter überhaupt in der mächtigsten und geheimnißvollsten Beziehung zur Menschenseele und Stimmung stehen, und daß Baulichkeiten, Scenerieen und die ganze Erscheinungswelt das wunderbare, nimmer auszudeutende Mittelglied eben dieser Stimmungen und Mißstimmungen sind, die zumal an Sonn- und Festtagen, an Gedenktagen einen ganz absonderlichen Wucher treiben, von dem wiederum das Gemüth seinen Profit macht.

Die Ästhetik hätte an dieser Symbolik, d.h. an den Wechselbeziehungen von Kunst und Natur, von Seele und Natur, von Seele und Objectenwelt, und wie sich beide Faktoren anziehn und abstoßen, interpretiren, ergänzen, verneinen oder bejahen, kurz, an dem ganzen Wechselprozeß und Wechselspiel von Subject und Object ein Quellenstudium, eine neue Welt von Prozessen und Prinzipien, die zu Protokoll genommen sein will; aber diese Schulästhetik hält es, ihrer wiederkäuenden Natur und Lebensart zufolge, für bequemer und plausibler, immer wieder neue Ein- und Abtheilungen, Definitionen und Zergliederungen von Künsten und Literaturen aufzutischen, von denen bei so viel Überfüllung und Feinschmeckerei kein geschmackvoller Mensch für den Augenblick Notiz nehmen mag.

Die Elemente einer solchen Symbolik und Ästhetik der täglichen Erscheinungen müßte der Magister freilich von seinem Genius entlehnen, und doch haben die Schulperückten das Genie keineswegs erfunden, sondern vermauert von Anbeginn. Auf der andern Seite ist es indeß ein Segen und ein Trost, daß so viele Heiligthümer der Seele und des Daseins und die sublimsten Wahrheiten, in stillschweigender Übereinkunft honorirt und ausgetauscht, als ein höchstes Erbe der Menschheit und als eine ewige Macht fortwirken, ohne in gelahrtem Gezänk und in profanirenden Zergliederungen entstellt und ihres Heiligenscheins entblößt zu werden.

Die Ethik und Ästhetik, sowie die Psychologie und vollends die Religionsphilosophie der Schulen sind glücklicherweise anatomische Präparate und bloße Gerippe geblieben im Vergleich zu dem Leiden und Leben, das ihnen im wirklichen Dasein gegeben ist, in den Historien der Nationen, der Familien und Individuen, in der Seele des Poeten und Propheten, des echten Märtyrers und des Genies.

Um aber wieder auf meine Ausspannung im Schwarzen Roß zu kommen, so brachte ich schon frühzeitig in Erfahrung, daß jeder Ort und jedes Ding, jedes Thun und Lassen erst eines Tages, einer Stunde und eines Augenblicks das Geheimniß seiner Poesie und die volle Weltschönheit seines Daseins sichtbar werden läßt. Gleichwie ein Mensch nicht jeden Augenblick sein eigentliches Gesicht hat, und vielleicht nur ein einziges Mal sein gottähnliches Antlitz im Fleische gewinnt, in dem Augenblick, wo er in Liebe oder in Andacht, in Reue und Seelenschmerz aufgelöst, die irdischen Schlacken abgestoßen hat, so haben selbst todte Hantirungen und Scenerieen, so haben die Räume und Winkel in Stuben, in Gassen, Gehöften und auf Hausfluren eines Augenblicks durch ein gewisses Zusammentreffen von Umständen, durch begleitende Momente, durch Effecte des Lichts, der Luft und der Witterung, in gewissen Tages- und Jahreszeiten, an Sonn- und Festtagen eine Bedeutung und Physiognomie, die über ihre materielle Beschaffenheit hinauszeigt in ein höheres Reich des Daseins, und sie zu Symbolen erhebt.

Wie dem Genius an vermeintlich ganz gemeinen Dingen Gesichte aufgehn können, die zu neuen Lebensanfängen und

Lebensprinzipien für ihn werden, das muß man selbst erfahren, das muß man, wenn schon nicht in wachen und alltäglichen Zuständen, so doch wenigstens in einem beseligenden Traum, in der Liebe und Begeisterung, in der Kindheit, in der lang ersehnten Heimath, bei der Wiederkehr aus der Fremde, einen Augenblick wenigstens, empfunden haben; sonst ist über solche Mysterien und symbolische Geschichten keine Verständigung möglich und keine Philosophie darüber am Ort.

Georg Hamann, in dessen Orakelstyl (er selbst nennt ihn in origineller Bescheidenheit seinen Wurststyl) ich mich mit Wollust vertiefe, einer der originalsten und gewaltigsten Geister im Worte, die je gelebt haben, sagt:

„Das menschliche Leben scheint in einer Reihe symbolischer Handlungen zu bestehn, durch welche unsere Seele ihre unsichtbare Natur zu offenbaren fähig ist und eine anschauende Erkenntniß ihres wirksamen Daseins außer sich hervorbringt und mittheilt."

Was wir in der Kunst den Geschmack nennen, das beruht auf einem symbolischen Verstand, der sinnigerweise die Formen auszudeuten versteht, der die Gedanken erkennt, welchen eine Form an sich und in ihrem Verhältniß zu andern Formen repräsentirt, und wie in allen Configurationen eine sittliche Ordnung zurückgespiegelt und vorgebildet wird. Wenn nun aber gewiß ist, daß z.B. selbst die Glieder des Gesimses an einem Bauwerk ein jedes für sich, und sodann in Beziehung zum Andern und zum Ganzen eine ganz bestimmte Bedeutung und Ausdeutung hat, wie sollten dann die verschiedenen Lebens- und Bildungsarten, die menschlichen Daseinsweisen, Zustände und Augenblicke, die Formen, in denen der sittlich vernünftige Geist sein Leben durch eine Arbeit von Jahrtausenden ausgestaltet hat, die Formen und Normen des geselligen Verkehrs, wie sollte da die Lebensordnung in

Kirche und Staat, die Grammatik, die Wissenschaft und die Kunst keine übersinnliche und absolute Bedeutung haben? Daß ihnen dieselbe aber innewohnt und daß alle Form über sich hinauszeigt in eine höhere Ordnung der Dinge, – das ist eben ihre Symbolik, ihre sittliche Wirkung und Natur.

Nur in und mit dieser symbolischen Natur sind und haben alle Formen eine sittliche, eine erziehende und bildende Macht, und der Takt ist nichts Anderes als diejenige Potenz des symbolischen Verstandes, die sich bereits als eine unmittelbare und augenblickliche Urtheilskraft im Verkehr mit sittlichen Formen und Verhältnissen manifestirt. Takt ist der symbolische Witz in Anwendung auf die sittliche Welt. Der Witz selbst ist ein umgekehrter, ein ironischer Takt; ein symbolischer Verstand ist er, welcher die Peripherie in einen Mittelpunkt abzufangen versteht. Aller Verstand, alle sublimste Bildung, die Schönheit, die Grazie, die Poesie und die Kunst beruhen wesenhaft auf einem symbolischen Prozeß und wirken als eine symbolische Macht.

Mit einem Wort: Die Symbolik ist der Spiritualismus, in welchen aller Materialismus übersetzt, der Idealismus, in welchen der Realismus verklärt werden muß. Ohne den symbolischen, welcher recht eigentlich der poetische und ästhetische Verstand ist, bleibt die Schöpfung nur eine todte Materie, ein Leichnam ohne Seele und Geist, eine Chiffernschrift Gottes ohne den Schlüssel und den Sinn.

Die Wetter, die Winde und die Wasser, Wald, Wiese, Berg und Thal, Tages- und Jahreszeiten, Töne und Farben haben ja eine Sprache; jedwede Erscheinung und jeder Augenblick wirkt einen Prozeß in unserem Herzen. Das ist ja der Sinn und die Bedeutung in allem Dasein, das ist ja aller Dinge geistiges Leben und Sein, daß sich ein Gottesgedanke an ihnen offenbart. Wie kann man denn nun stutzig sein über das Organon solcher übersinnlichen Offenbarung, über den symbolischen Verstand? In einem gewissen Grade zeigt er sich wirksam auch in der nüchternsten Person, weil eben aller Verstand nothwendig ein symbolischer Verstand ist. Wo aber dieser Verstand vorzugsweise zwischen den Zeilen lieset, wo er alle materielle Form überdichtet und in einem heiligen Geiste verklärt, da wird er ein symbolischer Verstand *κατ'ἐξοχὴν*. Was wären wohl alle sinnlichen Erscheinungen, alle augenfälligen Dinge zumal, wenn sie uns Nichts weiter erzählten, als höchstens ihren endlichen Inhalt, ihren materiellen und partikulären Prozeß; wenn sie dem innern Sinn Nichts weiter erschließen könnten, wenn sie ihm Nichts vorbildeten, nicht über sich hinauszeigten in ein höheres Leben und Sein? Oder ist es zum Spaß gesagt, daß die Schöpfung eine Chiffernschrift Gottes ist, womit er an unsere Herzen rührt, nicht minder wie an den sinnlichen Verstand? Wenn es ein Himmelreich und eine Ewigkeit gibt, und wenn die Welt Gottes nicht in zwei Stücke auseinanderbrechen soll, wie kann es denn anders sein als so, daß die irdischen Geschichten zu Abbildern der himmlischen gemacht sind, daß Zeit in Ewigkeit bewegt, alles Endliche auf ein Unendliches bezogen, und alles Sinnliche in und mit einem Übersinnlichen ausgedeutet und der Realismus in einem Idealismus ergänzt werden muß als in seinem entgegengesetzten Pol. Bildet doch die Natur überall in den niedern Entwickelungsstufen die zunächst höher stehende vor, in dem Dendriten-Marmor, im Silberdianenbäumchen die Pflanzenform, das thierische Leben in den Sensitiven, den Polypen und Korallen. Wie sollten sich denn nicht die Gottesmysterien im Menschensinn, und die übernatürliche Welt in der natürlichen zurückspiegeln? Diese Spiegelung, diese Zeichen- und Bilderschrift Gottes in allen Formen, in allen Erscheinungen, in den menschlichen Zuständen und Lebensaugenblicken, in allem Lassen und Thun, in Lebens- und Redensarten ist die Symbolik; der Sinn und Verstand aber, der Alles heilig ausdeutet, d. h. mit und in der Ökonomie des Universums begreift, der alle Dinge und Verhältnisse und alle Augenblicke als sinnliche und übersinnliche, als zeitliche und ewigliche, als endliche und unendliche, als irdische und himmlische zugleich versteht und so an sich kommen läßt, – das ist der symbolische, der heilige und poetische Verstand.

Ich trachte seit Jahren schon nach ein Paar irgendwo mitgetheilten Versen, die, von dem verstorbenen Dichter Hölderlin im Wahnsinn gedichtet, eine Seelenstimmung zurückspiegeln, wie sie mich als Knaben einmal an einem rauhen Winterabende bei Sonnenuntergang in dem Hofe jener mehrerwähnten Herberge zum Schwarzen Roß ergriff. Könnte ich die wenigen Zeilen hierher setzen, so würde man augenblicklich verstehn, was ich mit meinen Gesichten, Seelenzuständen und symbolischen Geschichten gesagt haben will.

Es war um die Zeit des Tilsiter Friedens an einem Wintertage, und ich weiß nicht mehr was für eine böse Zeitung in der allgemeinen Trübsal und moralischen Völkerverzweiflung die Gemüther noch ganz insbesondere an Gott und Weltgeschichte verzagt gemacht haben mochte, da bezog sich auch zum ersten Mal mein lichter Kinderhimmel. Meine fernen Eltern hatten auf ihrem schönen Landgute Milanowek bei Warschau durch wiederholte Feuersbrünste einen bedeutenden Theil ihres Vermögens und in Folge dessen das Gut selbst eingebüßt, und meiner Mutter Amme, die mich wie eine Mutter liebte und von ihrem ersparten Lohne so oft mit Zuckerwerk gefüttert hatte, war mir soeben in einem Briefe, als im Absterben begriffen, angemeldet worden. An diesem Unheilstage stand ich in einem leichten Anzuge, im bloßen Halse und ohne Kopfbedeckung, diesmal aber frierend und zum Tode betrübt in dem Thorweg meiner zu allen Weltbeobachtungen auserkorenen Herberge, an einen der hölzernen

Eckpfeiler gelehnt. Es war ein trockener Frost bei bezogenem Himmel, die Sonne eben im Untergehn. Kurze Windstöße wirbelten die Strohhalme vor dem Thorwege in die Höhe, fegten die Straße und rissen den in ihre Mäntel vermummten, jach vorübereilenden Fußgängern Hüte und Mützen vom Kopf und rafften einem Paar kleiner, an die Mauer gedrückten erfrorenen Bettelmädchen, die mit Reisigbündeln beladen, nicht weit von mir die Vorübereilenden vergeblich um eine Gabe anwimmerten, das Bischen dünne Lumpenbekleidung um die Beine zu Hauf. Auf dem Haberbergischen Kirchthurm und auf ein Paar alten Hausgiebeln kreischten und krächzten die Wetterfahnen, und in der Wirthsstube war es öde und dunkel, kein Gast drinnen zu hören oder zu sehn. In einem Winkel saß der Wirth ohne Pfeife, in einem andern die Wirthin, beide ohne Lebenszeichen und ohne ein Wort. Auf dem Stubenherd brannte kein Feuer, auf dem Schenktisch standen ein Paar halbgeleerte Biergläser, von ihren Eigenthümern im Stich gelassen, wie wenn's ihnen nicht mehr geschmeckt hätte. Auf dem Hofe war Alles wie ausgestorben, der Hausknecht müssig und überflüssig in einen Stallwinkel gedrückt, hier und da ein altes Rad und sonst ein Stück von einem auseinandergenommenen Geräth, in einem Winkel ein eingefrorener alter Puffschlitten und was sonst noch für ein Fragment, die Pumpe im Eise vermauert und wie von einem Tropfstein inkrustirt, ebenso vor der Hausthüre ein mit einer Schmutzlache übergossener und so im Guß zugefrorener Rinnstein. Das Alles zusammen gab ein Bild und eine Fühlung, wie wenn bereits die Seele vom Dasein und von der Welt und vom Menschen abgeschieden und eben nur noch Alles *pro forma* und von ungefähr vorhanden sei, ohne ein Göttliches und Ewiges oder nur ein Lebendiges zu bedeuten. Es schien Alles vorbei und nunmehr ganz gleich, ob sich die Leute aufhingen oder noch unter dem Schurr-Murr von Weltüberbleibseln und todten Hülsen herumstiefelirten. Das Lebensfeuerwerk war soeben abgebrannt worden und alleweile nur noch die Carcassen zu sehn.

Sonntag im Schwarzen Roß

So verzweifelte und weltenuntergangsmäßige Bilder hatte ich indeß nur wenige, oder in solcher Weise nur Eins in jenem Herbergs- und Elementenverkehr. An Sonn- oder Festtagen war ganz ander Wetter in der Welt, in meinem Herzen und im Schwarzen Roß.

Das Schöne beschreibt sich aber noch mißlicher und schwieriger als das Schreckliche, und so verzweifle ich ganz und gar das wiederzugeben und meine Leser nachempfinden zu lassen, oder auch nur in meiner eigenen Seele zu repetiren, was dazumal an einem Sonntag in meine Sinne und in mein Herz einzog, wenn ich so unter dem Geläute der Glocken im Sonntagsjäckchen mit blanken Knöpfen und eventualiter in neuen Stiefeln mit eisenbeschlagnen Absätzen vor die Thüre trat, um gemächlich und wohlgemuth aus dem Einfahrtsthor zum Schwarzen Roß die Leute im Sonntagsstaat, mit Gebetbüchern und grünen Sträußen in den Händen, zur Haberbergischen Kirche wallfahrten zu sehn. Zu gleicher Zeit beeilten sich dann auch noch verspätete Landleute mit der Einfahrt, um noch zur rechten Zeit zum Gottesdienst zu kommen. Das gab dann in der Herberge eine Geschäftigkeit und dem Sonntag, wie dem ganzen Erdendasein eine Vollwichtigkeit und Erfüllung, die mich bis in die Fußzehen zwickte, so daß ich nicht wußte, ob ich den Kirchgängern auf der Gasse nachsehn, oder die eilfertig ankommenden und sich rüstenden Fremden, oder den diensteifrigen Hausknecht, oder den selbstgefälligen Hauswirth, oder aber die wohlgemuth geschäftige und schmucke Hauswirthin mit meinen Blicken verfolgen sollte; denn die Gedanken, Stimmungen, Spannungen und Seelenzustände all dieser Leute, der Fremden wie der Wirthsleute und Kirchgänger, und der ganze Sonntag mit allem Zubehör, mit Himmel und Erde war in solchen Augenblicken in meiner Seele. So ein verzweifelter Bursche war ich mit meiner Einbildungskraft und bei allen Gelegenheiten, wo es ein Reproduziren und ein Theilnehmen und Mitleben galt. Mir durfte bei Leibe Nichts verloren gehn, so durchaus machte mir das Zusehn und das Leben zu schaffen, und das Existiren aller Dinge, Geschichten und Creaturen einen Spaß. Dazu trug nun aber am Sonntage nicht zum Geringsten wiederum ein Gegenstand bei, der vielen imaginationslosen Leuten sehr als ein nichtsbedeutender oder alberner erscheint. Es war das kleingehackte Tannenreis, mit dem dazumal die Königsberger Vorstädter ihre Herbergen, Hausthürschwellen, Gassen und Hausfluren an schönen Wintersonntagen bestreuten, und insbesondere das Gotteshaus.

In meiner Phantasie war ein Wald die Summa aller erdenklichen Naturwunder, Mysterien, Mährchen und jeglicher Abentheuerlichkeit. Ein Tannenzweig brachte mich also unter den geeigneten und gewissen begleitenden Umständen bei wachem Muthe in Hellseherei. Tannenzweige, Festlichkeiten, Sonntagswonnen, Schulfreiheiten, Kirchenglocken, Paradiesesnachklang, Naturfeiern, Waldesmysterien, das waren in meiner Seele und Vorstellung Synonyma, oder besser gesagt, Feuerwerksstoffe, die auf den ersten Funken mit Schwärmern, mit Feuerrädern und Leuchtkugeln in die Wette explodirten, und den Funken schlug ich aus meiner Einbildungskraft.

Begegneten sich nun in meiner Tagesbiographie drei oder vier solcher Ereignisse und Elemente, die mir poetische und

Lieblingsdinge waren, so überschlug ich mich vor Daseinswonne in der Luft, wie etwa ein Hase vor Todesangst in dem Augenblick, wo er von den Windhunden abgefangen wird.

Ich wußte mich überhaupt vor Jubel und Lebenslust im eigentlichen Wortverstande nicht zu lassen, es war zu schön auf dieser Welt, und nun vollends in diesen Sonntagslebensarten, wenn z. B. an einem Wintertage Glockengeläute, Schellengeläute, Tannenreiser, neue Absatzstiefeln, blanke Knöpfe, Frühstückskuchen, Schulfreiheit, schön' Wetter und die Aussicht auf ein Nachmittagsvergnügen zusammentrafen und meine Kinderseele im Sturme einnahmen. Ach nur noch einmal, nur noch einmal einen Sonntag wie vor 40 Jahren im Schwarzen Roß!

Wahrheit im Wachsein und Traum, eine Philosophie vor dem Schwarzen Roß im Jahre 1843

Als mich meine Herzensbangigkeit wiederum nach siebenzehnjähriger Abwesenheit gen Königsberg geführt hatte, leiteten mich meine Schritte instinktmäßig zuerst nach dem untern Haberberg und nach meiner lieben Herberge zum Schwarzen Roß. Haus und Schild waren noch die alten, die Umgebung, die Physiognomie der Straße, des Stadtviertels, sogar ganz Königsbergs dieselbe wie vor 36 Jahren und gleichwohl Alles anders; denn ich selbst war ein Anderer, und wie ich auch die alten Kinderträume heraufbeschwor, ich hatte gleichwohl zweierlei Leben in mir, zweierlei Sinn und Gesicht. Und der große Mensch machte seine Reflexionen und Gestus hinter dem kleinen von dazumal; und so gewann ich Nichts als ein bittersüßes, peinlich wehmüthiges Gefühl, als einen gezwiespalteten Menschen, der nicht wußte, wie er das nüchterne Verstandesbewußtsein der Gegenwart mit dem selig unschuldsvollen Traume der Kindheit, wie er das Jetzt und Sonst in seinem Ich versöhnen sollte: die heilige Erinnerung und den profanen Augenblick, Dichtung und Wirklichkeit.

Ich hatte ein Gefühl, wie wenn ich nach dem Tode wieder zur Erde und zum Bewußtsein gekommen sei, um meinem eignen Begräbnisse zuzusehn. O Herr und Heiland! Was ist denn nun wahr! die gemeine materielle Form und Wirklichkeit, auf allen Punkten in Sinn und Verstand reflectirt, oder die Idee der Schönheit, der Güte und Heiligkeit, die der Menschengenius aus dieser Sinnen- und Verstandeswelt als geistigen Überschuß, als sittliche Seele und hehre Gottesempfindung, als Religion und Poesie des Herzens aus dem körperlichen Leben entbindet, weil diese Sinnenwelt selbst in der Gottesvernunft ihren idealen und absoluten Grund hat?

Was ist wahr? Der wachnüchterne Verstand, der überall die Mathematik studirt, die Linien und die Winkel bemißt, sich das Leben auf 10,000 Dezimalstellen berechnet, und am eigenen Herzen Anatomie studirt, oder der Rausch einer liebetrunkenen Seele, die in dem geliebten Gegenstande nur das göttliche Ebenbild erschaut und den göttlichen Odem empfindet, der dem Leib aus Erden eingeblasen ward.

Was ist wahrhaftiger: Wachsein oder Traum? Wirklichkeit oder Phantasie, Geist oder Leib?!

Die Erinnerung an ein in Gott gelebtes Leben, der Traum der Kinderunschuld, der sich den Himmel auf Erden pränumerirt und die materielle Wirklichkeit in Stoff, in Form und im Augenblick übersieht, oder der feste, punktuelle, profane Weltverstand und Realismus, der, an dem Kothe klebend, die Ewigkeit aus lauter wachen Augenblicken, die Welt aus Sandkörnern und Atomen zusammensetzen, die absolute Größe und Intensität durch Addition von Zeit- und Raumgrößen erzeugen will und über dem Anatomiren und Formuliren überall Seele, Weltgeist, Integrität und Heiligkeit übersieht und verliert?!

Ich weiß es nicht. Die Versöhnung und Ineinsbildung von Realismus und Idealismus, von Subject und Objectivität soll das Absolute und die vollkommene Wahrheit sein; aber abgesehn davon, daß diese Versöhnung eben nur annäherungsweise im Genius und in jedem Menschenkinde auf andere Weise und in einer andern Sphäre bei Mann und Weib, bei Laien und Gelahrten zu Stande zu kommen vermag, so will sie auch fort und fort in einer Differenz, so will das Ineinander in einem Außereinander, die Harmonie in einer Dissonanz, der Monismus in einem kräftigen Dualismus wiedergeboren sein; denn außerdem wäre die Wahrheit ein Fertiges und das Werden der Wirklichkeit eine höchst alberne Repetition dessen, was idealiter schon von Ewigkeit in Gott existirt. Gleichwohl aber soll sich ja doch die ideale Welt nur in und mit der realen, mit der Materie der Geist, Gott mit der Welt, und somit auch das von Ewigkeit Seiende mit dem in Ewigkeit Werdenden vollenden und realisiren.

Ich sage es noch einmal, ich verstehe es nicht, aber ich kenne die unendlichen Widersprüche, die sowohl der fertigen als der unfertigen Wahrheit, die der seienden wie dem werdenden Glauben, dem Sein wie dem Nichtsein, dem Sein wie dem Werden, dem immanenten wie dem transcendentalen Gott, dem Theismus wie dem Pantheismus, dem Naturalismus wie dem Supernaturalismus, dem Materialismus wie dem Spiritualismus, dem Idealismus wie dem Realismus und jedem andern Ismus innewohnen. Ferner weiß ich, daß die modern beliebten Versöhnungen, in welchen alle Widersprüche als bloße Verstandesgegensätze benannt, und in absoluten Vernunftanschauungen oder in unaussprechlichen Gemüthsbewegungen und mystischen Seelenoperationen über

Seite geschafft sind, eben so mißlich und halbschlächtig ausfallen, wie diejenigen, welche durch Eskamotage im dialectischen Prozeß dergestalt erstritten werden, daß der absolute Gewinn dem absoluten Banquerott so ähnlich sieht, wie ein Tropfen Wasser dem andern überall. Das Alles, und auch die Unmöglichkeit und die unausdenkbare Dummheit in diesen so eben mit mir hantirt habenden Redensarten weiß ich, ohne zu wissen wie; und gleichwohl ahnet mir doch in dem, was ich, zusammt den Altgläubigen, mein Gewissen nenne, daß der Wahn und Traum des Herzens, unter Umständen (d. h. je nach Person und Gelegenheit) mehr absolute Wahrhaftigkeit, Heiligung und sittliche Güte in sich bergen und realisiren kann, als die Dialectik und Grammatik, als die mathematisch richtige materielle Wahrheit und Wirklichkeit des wachen und nüchtern kontrolirenden Verstandes, und daß ferner alle Materie, alle Thatsachlichkeit und handgreifliche Wirklichkeit keinen Augenblick früher und anders Wahrhaftigkeit wird, als bis sie von Seele und Geist, und von einem in Liebe und Glaube unsterblichen Herzen zu einem heiligen Gewissen eingebildet wird.

Was sich der Wahnsinn der Leidenschaft und der Traum der Kindheit einbildet, das dünkt mich herzlebendiger, und darum wahrhaftiger, selbst ohne materielles Correlativ und Object, als jedwede Handgreiflichkeit ohne Seele und Imagination, ohne Liebe und Satisfaction.

Eine Mauer, an der sich alle Welt ein Loch in den Kopf stößt, ist doch lange nicht so wirklich und wahrhaftig, als ein bloßes Hirngespinnst in dem Kopfe eines Tollhäuslers, wenn zumal in diesem Hirngespinnst eine Idee verhüllt lag, wie etwa die von der Gravitation, oder sonst eine Idee, die ein Loch bohrt in den vermauerten Verstand oder in die Bretter, mit denen die Welt verschlagen ist. Es mag drum sein, es gibt alleweil erschrecklich kluge Leute, höhere Magistermenschen, welche die Weisheit mit Löffeln gegessen haben; aber die Wahrheit soll wie der Ozean sein, den man doch nicht füglich mit Löffeln in einen Hirnkasten ausschöpfen kann, am wenigsten dann, wenn das quästionirte Gefäß ein Sieb ist; und doch ist der vollkommenste Menschenverstand und das hartnäckigste Gedächtniß nur ein Sieb, wenn ihnen nicht die Energie des Charakters und die absolute Intensität der Seele den festen Boden aus dem Himmel holen darf.

Wer einmal ein Verstandesmensch ist, der nehme ihn in beide Hände, und vermaure sich alle Seele mit diesem fix und fertigen Verstand, der nie über Form und Augenblick hinaus kann; wer aber in der Idee, in Träumen und Idealen lebt, der träume fort und lasse sich nicht beirren von den Verständigen dieser Welt; denn was kein Verstand der Verständigen sieht, das übet in Einfalt ein kindlich Gemüth.

Mit andern Worten: Wenn mancher kluge Mann einfältiger wär', so wär' er klüger; denn allzuklug ist dumm, und wenn schon mal Verstand und Vernunft nicht mit der Seele korrespondiren, so scheint es gleich viel, ob die fertig gerechnete Wahrheit in der Rocktasche oder im Kopf herumgetragen wird.

Dies meine Sentenz in Sachen Realismus contra Idealismus; denn ich bin Spiritualist und Idealist mit Leib und Seele, und hol' der Henker Realgymnasien, Industrie und Nützlichkeitsprinzipe, politische, kosmopolitische und nordamerikanische Lebensarten, wenn sie uns für Humaniora, für Weltprinzipe, für deutsche, christliche, alte, poetische und vaterländische Lebensarten, wenn sie uns für Welt- und Culturgeschichte untergeschoben werden sollen, und für das Heil der Welt!

Mein Leben sind Seele und Imagination, und so besteige ich lieber mein schwarzes Roß, und citire meine Geschichte auf seinem Gehöft. Das Letztere schien mir so zusammengeschrumpft, daß ich Mühe hatte, mich zu überzeugen, es sei dasselbe, welches von meiner kindlichen Einbildungskraft vor Jahren zu so weiten Räumen ausgedehnt worden war. Aber Raum und Zeit verschwinden dem Menschen in dem Maße aus der Welt, wie in ihm der Geist zunimmt. Wie lange dauert dem Kinde ein Tag, ein Sommertag und nun vollends ein Sonntag, ungeachtet des Zeitvertreibs und der kindlichen Lust? Wie dehnt sich in der Kindheit die Zeit von einem Sonntag bis zum andern, und welch' eine Ewigkeit ist von einem Weihnachten bis zum folgenden heiligen Christ. Weiterhin entschwinden uns die Jahre wie Monden, und die Monden wie Wochen und Sommertage. Zeit- und Raumgrößen gibt es nur für Kinder und für Völker, die in der Kindheit stehn. Zeit- und Raumgrößen waren es, durch welche Inder und Ägypter zu ihren kolossalen, traumhaft abentheuerlichen Bau- und Lebenswerken begeistert wurden. Im Abstrakten wachsen Obelisken und Pyramiden keineswegs.

Im Beginn der Entwicklung sucht der Sinnenmensch das Große in Zeit und in Raum. Das ist der Vorschlag, der Auftakt der Phantasie; sie ist die Bildervernunft, die Idee, welche sich in Zeit und Raum bespiegelt, der Weltgeist in sinnlicher Gestalt, die plastische Kraft der Natur, getragen, vergeistigt und bewußt gemacht in der Idee der Welt. All diese spekulirenden Reflexionen ließ ich aber vor dem Schwarzen Roß auf ihrem dunkeln Grunde beruhen; denn ich war melancholisch allda! Hier auf dem weißen Papier indeß stößt mir die philosophirende Gewohnheit mal wieder ins Genick; denn es ist eine alte Redensart: „Wer sich auf Metaphysik legt, auf den legt sie sich wieder."

Niemand entrinnt seinem Schicksal und noch weniger seiner angestammten Thorheit und Gewohnheit, folglich auch nicht der Spekulation, wenn sie einmal von Kindesbeinen an das Privatlasterchen und Steckenpferd ist.

O Dilettantismus, wie süß bist du, aber doch nimmer so süß wie Kindertraum und Erinnerung!! Drum lebe wohl, mein Schwarzes Roß! Wenn ich phantasiren und träumen will, so werd' ich dich tummeln, und wenn auch nicht mehr auf dem Papier, so doch in meinem Herzensrevier. Lebe wohl!

Mein Verkehr mit dem Haberbergischen Kirchhof

Wozu, mein Lieb, der Balsamhauch,
Des Morgens frische Würze,
Das Tropfgefunkel hell am Strauch,
Des Waldbachs Silberstürze?
Aus Nebeln taucht das Wiesengrün,
Die Sonne äugelt nieder,
Es summt und surrt, und drüber ziehn
Der Lerche Ätherlieder!
Wozu? – wenn wir sterben, – sterben müssen
Und von all' dem Zauber nichts, – nichts mehr wissen?! –

Wozu der Trieb, der forscht und sinnt,
Und über Trümmern brütet,
Und jeden Schatz, den er gewinnt,
Mit ems'ger Sorge hütet?
Wozu des Geistes stolzer Flug
Nach aller Schöpfung Ferne,
Tief unter uns der Wolken Zug
Und über uns die Sterne?
Wozu? – wenn wir sterben, – sterben müssen,
Und von all' der Hoheit nichts, – nichts mehr wissen?! –

Wozu des Herzens Sturmesschlag,
Der Liebe süß Verlangen,
Bis einst enttaucht der schönste Tag
Dem Purpur schäm'ger Wangen,
Dies heiße Ringen ohne Streit,
Dies Träumen ohne Schlummer,
Dies Beben ohne Bangigkeit,
Dies Weinen ohne Kummer?
Wozu? – wenn wir sterben, – sterben müssen,
Und von all' der Wonne nichts, – nichts mehr wissen?! –

Das hohe Lied von Titus Ulrich, 1845

Man ersieht aus jenen Herbergshistorien wie sich meine Kindheit aufs Leben verstand, und wie sie gleichsam den Lebensverstand aus den Elementen des Herbergsverkehrs zu konstruiren, das Fehlende aber aus den Fingern zu saugen verstand, um nicht zu sagen, aus der Phantasie; denn die Kinderphantasie ist bei den Kathedermoralisten und Pädagogen von Profession bis auf diese Stunde ein zweideutiger und confiszirter, oder ein großmüthig tolerirter Artikel. Was nun meine eigne Phantasie betraf, so war sie auf Tod und Leben zugeschnitten und von Gott in Scene gesetzt.

Gefielen meinen fünf äußeren Sinnen die Lebendigen, so mißfielen meinem innern Sinn eben so wenig die Todten. Herberge und Kirchhof war die Polarität, aus der sich bei mir Seele und Charakter fort und fort rekrutirten.

Wenn ich von allem Lebendigen im Schwarzen Roß gesättigt war, so ging ich auf den Haberbergischen Kirchhof, es in den Tod zu übersetzen, und die Leichensteine, die Kreuze und Grabhügel waren die gefährlichsten Nebenbuhler der Herbergsscenen und ihrer lebendigen Poesie.

Im Winter wußte ich auf dem Kirchhofe Nichts anzufangen, weil in der Regel Alles verschneit war; im Herbst wiederum gemahnte mich die ganze Natur und alles Dasein an den Tod. Im Sommer widersprach das üppige phantastische Leben der Natur den Gräbern und den Grabgedanken zu bestimmt und nachdrücklich, aber mit dem wegschmelzenden Schnee und den ersten sonnigen Märztagen zog es mich durch Allgewalt zu der Ruhestatt der Todten. Auf den großen Leichensteinen gelagert, las und lernte ich dann in stiller Andacht, in Schauern des Todes und in Vorahnungen alles Menschengeschicks, die alten Inschriften aus Bibel und Gesangbuch, gleich wie die Inschrift, die außen rings um die Kirche läuft und ihren Wiederaufbau nach dreimaliger Zerstörung durch den Blitz in alter frommer Ausdrucksweise vermeldet.

Besonders glücklich war ich, wenn ich bei meinem Herumstreichen ein bronzirtes Sargblech als Bruchstück von Handgriffen und andern Beschlägen hervorfand; denn meine Liebhaberei für Metall, und insbesondere für Messing und Bronze, spiegelte mir Gold und Bergwerke vor, um nicht zu sagen goldene Berge.

Die andern Jungen verweilten nun wohl, gleich den Kindern aller Orten, ebenfalls nirgend so gern als auf dem Kirchhof; aber er schien ihnen doch mehr ein schicklicher Tummelplatz für ihre Spiele, als ein Ort, durch den sie sich zu höhern Dingen und innern Gesichten anleiten und begeistern ließen. Mich verdroß es eben nicht, wenn meine Kameraden auf den Leichensteinen allerlei Spielwerk trieben; denn es war gar zu hübsch, wenn man so mit Knöpfen, mit runden Feuersteinkieseln, oder Stückchen einer Messerklinge auf den geräumigen platten Steinplatten umherhantiren und dem Abschnellen der allerlei Gegenstände in Zeit und Weile zusehn konnte, und ganz besonders beneidet war der Junge, der etwa, in dem köstlichen Besitz einer Kartätschkugel, mit derselben auf den Mittelsteinen der Straße, wie auf den Leichensteinen, allerlei Rappokünste verführen konnte; aber ich hatte gleichwohl neben diesen Spielinteressen noch eine andere Genugthuung, die weit entfernt, profaner Spielnatur zu sein, mein tiefstes Gemüth in Anspruch nahm und es dem Übersinnlichen wie dem Heiligen entgegenbildete.

Wenn ein Fremder den Haberbergischen Gottesacker zu dem Endzweck besuchte, um zuzusehn, ob er mir da irgendwas nachträumen könne, so würde er und der Kirchhof wahrscheinlich Jedes für sich bleiben und kein Wechselprozeß entstehn. Für mich aber gab es nur noch einen heiligen Ort, der jenem den Rang streitig machen konnte und das war der zur Roßgarter Kirche gehörige Friedhof. In meiner Kindheit zeigte man da zwei ineinander geschlungene Linden über dem Grabe von zwei Liebenden, und daß ich mir nicht eher Ruhe ließ, bis ich die Geschichte aus mir selbst erfunden hatte, versteht sich von selbst.

Beide Gottesäcker haben sich in der langen Reihe von Jahren einerseits im guten Sinne verschönert; denn aus jungen Bäumen sind alte geworden und in die Stelle der abgestorbenen andere gepflanzt.

Der Haberbergische Todtenacker hat heimliche und schattige Gänge erhalten; in meiner Kindheit sah es da kahl und dürftig aus, die Herbst- und Frühlingswinde knickten die trocknen Halme über vielen eingesunkenen und vergessenen Gräbern, und hie und da sah man dürren Sand und Grand; aber das schickte sich zu den modernden Gebeinen und der holzfressende Kies vernichtet die sechs Bretter und die vier Brettchen unserer letzten Behausung eben so emsig, wie der Tod schon bei Lebzeiten unsern Leib. Und doch war es damals auf dem Kirchhofe schöner, heiliger, ergreifender, wundersamer, beredter, bedeutsamer, ich weiß nicht zu sagen wie! Ein Kirchhof verträgt für meine Empfindung nicht zu viel Sinnenschönheit und Üppigkeit, auf keinen Fall irgend einen Luxus und Übermuth, und wäre es auch der einer schönen Kunst. Auf dem Todtenacker sollen die Eitelkeiten und die Hoffarthen mitbegraben sein. Ein einfacher Leichenstein mit altväterisch gefaßter Inschrift, ein schlichtes Kreuz mit einem goldnen Bibelspruch, wenn man will in goldener Schrift, das spricht ergreifender und beredter zum Herzen als aller Todtenpomp.

In echter keuscher Kunst ist für den sinnigen Menschen eine Macht und eine Bürgschaft des ewigen Lebens gegeben, wie in der Religion. Hehre Kunstwerke, von einem heiligen Naturgeist diktirt, zeigen über Tod und Grab hinaus in den Himmel, dem der menschliche Genius entstammt, da er Abbilder des Göttlichen und Ewigen unter Bildern der Vernichtung, unter Masken des Todes zu erschaffen vermag; aber diese heilige Kunst darf nicht der gemeinen Eitelkeit dienen mit profaner und gemeiner Kunstfertigkeit, und am wenigsten auf der Stätte, welche an die Eitelkeit alles Lebens gemahnt. Über Gräbern ist nimmer die Gelegenheit für leeres Kunstgepränge und für die Üppigkeit der Welt. Diese mehr luxuriös als kunstreich gehaltenen Skulpturen, diese wohlfeilen Pracht-Urnen, diese genielos modellirten Genien, diese prahlerisch vergoldeten Gußwerke und Eisengitter mit ihren modern gelogenen Inschriften, schmecken zu sehr nach weltlicher Hoffarth und Fleischeslust, um nicht ein schreiender Contrast mit moderndem Gebein und mit der todtverzagten Seele zu sein. Selbst eine zu üppige, zu künstlich gepflegte und kunstgerecht arrangirte Vegetation ist nicht in richtiger übersinnlicher Harmonie mit Verwesung und Tod!

Aus all diesen Ursachen übt ein Dorf-Friedhof auf einem Sandhügel im freien Felde, mit seiner ärmlichen Ausstattung und Umzäunung, mit seinen faulenden Holzkreuzen, seinen eingestürzten und unbezeichneten Gräbern, auf denen keine Rosen und Lilien von Lilienhänden mit rosigen Fingern gepflanzt und gepflegt werden, wo keine schöngeputzten, sonntaggelangweilten und konventionell gebildeten Stadtmenschen spazieren wandeln, sondern dann und wann eine alte bibelfeste Bauerfrau einsam über ihrem Schmerz brütet und ihren überirdischen Trost für die schwere Arbeitswoche gewinnt, eine viel eindringlichere Macht auf jedes fromme und einfältige Gemüth, als die viel frequentirten, die gleißenden und oft komödienartig in Scene gesetzten Todten-Schauplätze einer großen Stadt. Wiewohl nun diese Bemerkungen nur theilweise auf die erwähnten Königsberger Friedhöfe Anwendung finden, so haben sich doch beide Orte in so vielen Jahren eben genugsam umgewandelt und modernisirt, um mich nicht mehr anzusprechen und zu erbauen wie ehedem;

obgleich ich in Bezug auf Todtenandacht und Kirchhofsstimmung wenig oder gar nicht seit den Tagen meiner Kindheit verändert worden bin.

In der Zeit des unglücklichen Franzosenkrieges hatte der Haberbergische, wie der Roßgärtische Kirchhof ganz das Ansehn eines Dorfkirchhofs. Außer wenigen alten Bäumen und gewaltigen Leichensteinen, oder einfach begitterten Grabhügeln und Kreuzen war da nichts von Todtenprunk zu sehn, somit auch nichts von profaner Spaziergängerei. Hie und da ein einsam umherwandelnder, oder in Andacht versunkener alter Mensch. Wenn ich das sah, so durchschauerte mich eine Empfindung, wie wenn ich mich in die Atome meines Wesens auflösen gesollt. Es war der menschliche Erden- und Todesschmerz, der schon an meine Kinderseele griff. Die Empfindungen, die Vorstellungen des Todes und der Vergänglichkeit alles Irdischen, der Vernichtung und der Erdennichtigkeit, des Verlebens und Sterbens in allem Leben, des Nichtsseins in allem Dasein und Sein, habe ich auf jenen Gräbern mit Wollustschmerzen für mein ganzes Leben in mir entwickelt und meinem ganzen Menschen zu eigen gemacht.

Der Professor Lehmann

Es ist der Professor Lehmann*), der zu seiner Zeit um seine Schule hochverdiente, allgemein bekannte und allgemein beliebte Direktor des Kneiphöfischen Gymnasiums, dem ich diese wenigen Zeilen widme; denn auch ich war sein Schüler, und wünsche heute noch, ich hätte lauter Lehrer, Erzieher und väterliche Freunde gehabt wie ihn, so mild, so leutselig, so herzlich spassig und zugleich so kräftig, sittlich ernst war sein Regiment, seine Lebens- und Umgangsweise mit Kindern, und so verkehrte er mit Jedermann, immer gleich fern von falschem Liberalismus wie von Pedanterie.

Er war ein durchaus stattlicher, ein fast herkulisch gebauter Mann, mit stark modellirten Gesichtszügen, Alles an ihm ein Herz, ein Nerv und lebendiger Puls, eine springende Muskel und sittliche Energie, zumal in jedem Augenblick, wo es Begeisterung und Indignation, und wenn es eine Willenskraft galt, eine That und einen raschen Entschluß.

Wer den Mann in solchen Momenten sah, mußte unwillkürlich an einen der mittelalterlichen Heroen und Kraftmenschen denken, die uns aus den alten Ritterbildern und Historien so tapfer und wacker entgegentreten wie ihre Eisenrüstung und ihr Schwert.

Er war ein Originalmensch in seiner äußern Erscheinung und Lebensart, gleichwie seinem innern Wesen nach; aber ein Original im schönsten und liebenswürdigsten Sinn, so wie es der Genius ist. Ein Selbstdenker, ein unabhängiger Charakter war der Mann, weich und fest zugleich wie schwedisches Eisen, so gutartig und lenksam im Herzen, wie beharrlich und selbstgewiß in seinen Grundsätzen von Recht und von Pflicht, hehr und heilig in seinem Glauben, getreu in seinem Lieben, ein Mann von all der unverwüstlichen Laune und Lebenskraft, die allein einem unversehrten Gewissen und einem kindlichen Sinne entquillt; und doch zugleich ein so tiefsinnig allen Mysterien des Lebens, der Religion und Theosophie hingegebener Mann. Er und sein eben so originaler Freund und Kollege Mangelsdorf galten zu ihrer Zeit als ein Paar Normalmenschen, als Leute vom echten Korn und Schrot. Und sie waren in der That, wofür man sie hielt: biederherzig, werktüchtig, ehrenfest, gewissenhaft, gescheut und wahrhaftig in jeder Faser. Meinen unvergeßlichen Lehrer schmückte aber noch überdies die allerhöchste und seltenste Eigenschaft, die ein Mensch haben kann, er war, seinem natürlichen Drang zufolge, ein auf das Übernatürliche stets hingewendeter, er war ein von Grund der Seele religiöser, er war ein in jedweder Vorstellung, Empfindung und Ausdrucksweise vom Hehren und Heiligen getragener und durchbebter Geist. Was ich als Kind, und späterhin als Jüngling, in seiner Erscheinung nicht zu deuten vermochte, wiewohl es mich jedesmal als eine unwiderstehliche Macht ergriff, das erschlossen mir seine sehr zerstreuten und meist in Broschüren erschienenen, sehr beklagenswerther Weise zum Theil verschollenen Schriften, die meines Wissens nur noch vollständig im Besitze des zweiten Sohnes des Verstorbenen, des Gymnasialdirektors August Lehmann zu Marienwerder, meines herzlieben Schulkameraden aus dem Königsberger *Fridericiano*, sich befinden*).

Es ist selbst in den ausgezeichnetern und gebildetern Menschen ganz besonders diese Unmacht, daß sie bei aller scheinbaren Lebhaftigkeit des Geistes, und sogar bei einer gewissen Herzlichkeit, gleichwohl das Schöne, Gute, Wahrhaftige und Heilige nicht ordentlichermaßen als eine Macht zu empfinden vermögen, vielmehr lassen sie Eines wie das Andere ohne rechten, herzhaften Unterschied, ohne sittlichen Aczent an sich heran, aber weder in sich hinein, noch beseelt, oder in Massen abgegliedert und in Spitzen krystallisirt, aus sich in die Welt hinaus; und was sie allenfalls zu einem Inwendigen gemacht und assimilirt haben, das verwandeln sie doch nicht eigentlich in einen sittlichen Leib und eine Biographie. Und so bleiben sie denn auch ohne herzliche und leibhaftige Gegenseitigkeit mit der Welt, in Worten wie in Werken, und man hat in dem Verkehr mit ihnen nie eine vollkommen sittliche und heilige Satisfaction. Von solcher modern abstrakter Philanthropie, von solcher blasirter Geistreichigkeit und Allerwelts-Fortschrittlichkeit war der alte Lehmann, ohne daß er darum eben wußte und wollte, der schnurstracke Contrast. Er ließ Alles lustig und heilig zugleich in sich hinein und eben so hinaus, und was nur irgend dazu angethan war, das fand gar bald in seinem Herzen einen bleibenden Ort. Das Profane war seinem Wesen und Leben so fremd, wie wenn der Mann vom Himmel gefallen wäre, und sein würziger Spaß war nie ein unheiliger, nie ein liebloser, unlautrer, auch nur einen Augenblick an das Gemeine anklingender, sondern ein heiliger Scherz in Liebe und Lebenslust, ein echter Humor, ein Gemüthswitz, wie man ihn heute nur der Sage nach kennt und mit allerlei gemüthlich zurechtgequälten Redensarten heraus experimentiren möchte, da doch der echte Humor als eine Weltmacht im göttlichen Elemente der Liebe sich freiwillig selbst produziren muß.

Die ganze Natur des Ehrenmannes, von dem ich mein geringes, aber herzliches Zeugniß gebe, war ein kräftiger Rhythmus, seine Worte, seine Werke, seine Gedanken und Empfindungen, alle seine Lebensäußerungen bis auf Schritt und Tritt, lauter sittlicher Aczent. Das ganze Leben des Mannes ließ sich aufs prächtigste skandiren, und jeder Hexameter hatte eine herzhafte Cäsur.

Dazu war das lebhaft aufgefaßte Mancherlei und Allerlei des Lebens, wie der Kunst und Wissenschaft, in dem Sinn und Geiste dieses gewaltigen Mannes nicht wie bei so vielen Stubengelehrten in einer bloß mechanischen herz- und charakterlosen Verstandesordnung, sondern in sittlichen Vernunftgruppen, in abgegliederten, lebendigen Massen, und zugleich in schlagfertigen Phalangen aufgestellt, und konnte auch in solcher Art mit solchen Masseneffecten evolutioniren. Das gab denn den Lebens- wie den Redensarten einen Styl, das gab und wirkte einen Charakter. Sein lebendiges Wort saß immer wie ein Schuß, und seine Argumente wurden einem wie eine Pistole auf die Brust gesetzt, seine Gründe zogen wie Schrauben. Sonach kann man sich leicht denken, was das in allen andern Stücken für einen Mann gab.

Wen er lieb hatte, den hatte er jeden Augenblick von ganzem Herzen lieb, und rund um, den nahm er ganz so, wie er ihn einmal fand, mit Gebrechen und Tugenden, mit gutem und schlechtem Witz, ohne an ihm herumzumustern und zu meistern; denn er war überhaupt kein schwieriger und kein häklicher Mensch, sondern einer von den echt liebenswürdigen, im schönsten Sinn bequemen Charakteren, die von ihren Nebenmenschen Alles in Bausch und Bogen, und auf Treu' und Glauben annehmen, mit aller Welt in Frieden und Freundschaft leben, und nur gegen sich selbst ohne Schonung und Beschönigung sind.

Was der Mann bei der Seele hatte, darüber konnten seine Freunde und alle bedrängten Nebenmenschen ohne große Façons disponiren, das war ein Gemeingut so lange wie es eben vorhalten wollt'. Geld und Gold hatte für diesen herrlichen, güldenen Charakter keine andere Bedeutung, als um es dem ersten Besten zur Aushülfe zu geben, der dessen mehr benöthigt war als der zufällige Inhaber des Metalls. Der Mann war eigentlich zeitlebens anderer Leute Cassirer, und das immer mit einer Art und Miene, als wenn sich's eben von selbst verstünde und gar nicht anders sein könnt'. Nur allein aus diesem Abgrund von Herzensgüte, die sich keinen Augenblick an den Puls faßt, um der Leidenschaft im Interesse der kühlen Vernünftigkeit zu wehren, sondern das ungehemmte, frei überquellende Element einer göttlichen Natur ist, entstammten die Übelstände und die Sorgen, mit denen der ehrenhafte Mann in seiner Häuslichkeit so oft zu kämpfen hatte. Das war der einzige Grund des Mißklangs und der späteren Trennung von einer Gattin, die er bis an seinen Tod geliebt, und mit der er noch nach seiner Trennung im heiligsten Verkehr von Zärtlichkeit und Liebestreue verblieb.

Solche sittlichen Mysterien konnten mir, obwohl ich noch ein Kind war, nicht ganz verborgen bleiben, da ich in der Familie des gütigen und gastfreien Mannes als ein Kind aufgenommen war. Wie mich das aber Alles berührte, wenn ich mit den Söhnen am Sonntage die getrennt lebende Mutter besuchte, die ein eignes Haus mit einem großen Garten bewohnte, und eine schöne liebenswürdige Dame war, das kann ich nimmer beschreiben. In solche Familiengeschichten, solche Heiligthümer eingeweiht werden, das erzieht im Menschen einen sittlichen und heiligen Geist wirksamer, als lange und kurze Paragraphen in einem System der Moral.

Die Einwirkung des Mannes auf mein Kindergemüth rührte überhaupt weit weniger von seinen Worten und Lehren her, die zu verstehn und zu würdigen ich zu jung war, als von seiner Persönlichkeit und von seiner originellen Weise mit Jedermann.

Gesicht, Gestalt, Gang, Haltung und Ton der Stimme, Gebärdenspiel und Alles übte auf mich einen Reiz. Ich konnte mich nicht satt genug sehn, was der Mann für Augen und für buschige Augenbrauen, was für Gesichtszüge, Muskeln, Schultern und Gliedmaßen er hatte. Vor seinen Waden aber blieb mir ordentlich der Verstand stehn. Eine jegliche dieser Waden füllte gewissenhaft eine Stiefelschechte aus, und in jeder von diesen damals über der Hose getragenen Schechten hatten comfortabel ein viertel Dutzend moderner, auf preußisch sogenannter Heisterwaden Platz. Wenn der Mann im Zimmer einherschritt, so war mir's immer, als wenn der Fußboden unter ihm entweichen sollte, und wenn er mit gespreizten Beinen wie auf Säulen da stand, so ersah ich in ihm ordentlich einen kommandirenden Halbgott oder General, kurz, er war mein Mann von der ersten Bekanntschaft an, die ich unter folgenden erschreckenden und zugleich erbaulichen Umständen, etwa im Jahre 1807, zu machen so glücklich und vergnügt war.

Meine Pflegemutter, eine alte intime Freundin des Lehmann'schen Hauses, nahm mich eines Tages mit dahin auf Besuch. Spasses halber, und vielleicht auch um mir vor meinem nächstkünftigen Lehrer, dem ich bei dieser Gelegenheit gewissermaßen produzirt werden sollte, den gehörigen Angstrespect beizubringen, ward mir angesagt: „der Professor, zu dessen Frau wir auf Caffe gingen, und der mich des Nächsten in Kommando bringen würde, verstehe Nichts weniger als Spaß". Ich dachte ihn mir also unverzüglich als einen halben Kannibalen, und nur die unbezähmbarste Neu- und Wißbegierde ließ mich, wiewohl mit gemischten, doch mit herzhaften Gefühlen, meinem zukünftigen Birkenscepter-Tyrannen entgegen gehn und meinem Schicksale fest ins Auge sehn. Es kam aber diesmal meinen Befürchtungen so kuriosprächtig entgegengesetzt, wie hernach nie mehr in meinem Leben; denn als wir in die Wohnstube eintraten, hatten wir einen Anblick, ähnlich wie jener Gesandte von England an Heinrich IV. zu Paris. Der gefürchtete Mann gallopirte nämlich eben mit seinen beiden Jungen, Julius und August, auf Händen und Füßen, oder wie man zu sagen pflegt, auf allen

Vieren im Zimmer umher, und da er einmal im Zuge war, so mußte ich als dritter Reuter auf der nicht unbedeutenden Croupe mit Platz nehmen, wo ich, mich an August festhaltend, auf dem glücklichen Vater und Professor Carroussel ritt. Unterdeß hatten sich denn die Frauen begrüßt und satt gelacht, und als der Ritt beendet war, kniff mich mein künftiger Direktor freundlich herzhaft in die Wange und meinte in Stelle aller Ermahnungen, Schreckensreden und Examination, die ich mir bereits kläglich und bänglich genug im Geiste vorgestellt hatte:

„Na Junge, da hast du Spielkameraden! Faß dich mal mit dem August! Jungen müssen Courage haben und gute Kameraden sein."

Gewiß, das müssen sie, mein alter Lebensphilosoph, und Männer müssen's nicht minder! Aber von der Herzlichkeit und Kameradschaftlichkeit der modernen Leute wär' viel und wenig zu sprechen; lassen wir das. Es fiel mir von dem Augenblick wie Schuppen von den Augen. Ich ersah in dem furchtbaren Mann und Enakssohn keinen Saturn weiter, sondern einen Kinder- und Menschenfreund, dem mein ganzes Herz entgegenschlug, und so blieb es und ist diese Stunde nicht anders zwischen mir und jenem verklärten Geist. So waren die Leute aus der jüngst oft verspotteten guten alten Zeit. So körnig und tüchtig, so voll Saft und Kraft, voll gesunden Verstandes und heilen Menschenthums waren sie freilich nur, wenn sie eben von der damaligen rechten Sorte waren. Hat denn aber auch die beste Geschichte der Jüngstzeit solche rundum fertige, in Seele und Leib gesunde, herzgeborene, lebenslustige und aus dem Ganzen gearbeitete Menschen in ihrem Bereich? Geht nicht vielmehr selbst eben den Gelehrtesten, Genialsten und Gebildetsten der fatale Weltriß auch durch die eigne Brust, wenn nicht in Ernst und Wirklichkeit, so doch noch schlimmer in der Einbildung, ja in der Eitelkeit sogar!?

Verdient das auch den Namen eines Humors und einer herzhaften Lebensart, was heute dafür ausgegeben wird? Gewiß, die Neuzeit hat ihre besondern Vorzüge, nicht minder wie die alte Zeit, und diese selbst war zu ihrer Zeit auch eine neue Zeit, und alles Alte war einmal jung, gleichwie alles Junge alt werden wird und alt geworden ist; aber Treuherzigkeit, Kameradschaftlichkeit, Humor und Gemüth, natürlich quellende Lebenslust, leichter und kindlicher Sinn, fromme Einfältigkeit und ein Charakter aus dem Groben und Ganzen, ein freudiges, unverkümmertes Menschenthum in Glaube, Liebe und Heiligkeit, – das scheinen mir nicht die eigenthümlichen Vorzüge und Segnungen dieser Bildung und jüngsten Zeit, wo der politische Geist den heiligen Weltgeist und die Industrie fast alle Lebenspoesie absorbirt hat.

Ponarth

Die Garonne hat keine markirten Züge. Ein Haufen Bäume, mit einem, durch dieselben guckenden, italienisch aussehenden Hause, eine Gruppe Trauerzypressen, die sich selbst Platz macht und unter fröhlicher Gesellschaft allein steht, eine Wiese, ein Streif vom gelben Strande, ein Zusammenbringen von ruhigen Bildern, wie jene großen Maler, die einen Baum, einen Teich, ein Ufer nahmen und unsterbliche Gemälde daraus machten, es liebten; aber nichts, was einen Andern, der die Natur ebenfalls, wenn gleich nach einer andern Form liebt, verhindern könnte, sie matt zu nennen, besonders wenn er sie zufällig an einem trüben Tage erblickt.

Reisebilder aus den Pyrenäen

Wenn ich heute in größern Städten Spaziergänge und Vergnügungsorte besuche, so kann ich es nicht lassen, mich immer wieder zu zerquälen, ob es denn gar nicht möglich ist, noch einmal so spazieren zu gehn, als da ich ein Kind von sechs und sieben Jahren war, die Welt noch ein Mal so anzusehn, wie ich sie dazumal ansah, und wie sie mich dafür wieder zurück ansah, als ich noch vom niedern Haberberg, vom Schwarzen Roß, der Haberbergischen Kirche, dem adeligen Jungfernstift und der hölzernen Bildsäule des tapfern Hanns von Sagan vorbei, zum Brandenburger Thor hinaus und gen Ponarth gewandert bin.

Was gab es denn da in dem Dorfe Ponarth? Was war denn auf dem Wege dahin, und was in der stillen Straße, die nach dem Brandenburger Thore führt, daß ich so glückselig war, daß ich aufjauchzte vor Erwartung und Herzenslust, wenn sich nun zu diesem Gange gerüstet ward? Was gab es dazumal in der Welt, daß ich diese Spaziergänge nimmer vergessen kann, und daß ich seit vierzig Jahren von ihnen im Wachen und Schlafen als von einem verlornen Paradiese träumen muß, daß ich nach Königsberg reisen mußte, ohne andern Grund, als vor allen Dingen zu versuchen, ob sich nicht vielleicht noch einmal so spazieren und leben läßt, wie dazumal, da ich Nichts hatte, als meine Kindheit, und von Nichts wußte, als von der Glückseligkeit lebendig zu sein, und auf dieser schönen Welt? O mein Gott, so ist es denn nicht möglich, mit so vielen Lebensanstalten, mit so vielen Bildungsmitteln heute noch so glückselig zu sein, und die Welt so einzubilden, als da man arm und einfältig war, aber ein Kind!?

Vielleicht ist das Unsinn, eine Tollheit, was ich da sage. Ich gebe es zu, denn ich weiß überdieß nicht, ob Sinn und Unsinn beständig auf eine Haarbreite nebeneinanderstehn, oder ineinanderspielen und ihre Rollen tauschen, wenn sie ihrer Grenzschildwachten überdrüssig sind?

Niemand soll aber wider sein Gewissen. Und das meine ist ein Gewissen von der Kindheit. Jeden mahnt es auf einer andern Stelle, – mich an die Kinderzeit. Daß ich sie verloren, stürzt mich Tag und Nacht in Träumerei, macht mich selig und unglückselig zugleich; denn ich lebte in meiner Kindheit eine himmlische Zeit.

O könnt' ich einen Menschen finden, heute noch finden, der ein gleiches Wohl und Weh, der den gleichen Schmerz, dieselbe Bangigkeit empfände! O wüßt' ich Einen, der, wie ich, auf einen Weg und Steg hinausmuß, nicht weil er vernünftig weiß warum, sondern weil er verzaubert, weil er närrisch ist in Erinnerungen an die Kindheit, weil er an einem Orte sein verlornes Eden zurückträumen muß. Ich wollte ihn lieb haben, ihm ein Gefährte sein, und wenn ihn kein Mensch weiter leiden könnt'! Ach, muß man denn eben gescheut und geschmackvoll sein, wenn man glücklich sein soll, und ist's denn ein Verbrechen, eine Dummheit und eine strafbare

Egoisterei, wenn man auf seine eigene Weise glücklich sein, sich wenigstens glücklich träumen will! Oder wo ist denn der Herz- und der Mittelpunkt des Lebens, wo ist die letzte Genugthuung, die Freiheit, die Heiligung, wenn nicht im Menschenherzen und in einem kindlichen Sinn?! Es ist vielleicht ein Elend, daß mein Kinderparadies nun einmal Ponarth heißt. Verwöhnte Ohren werden beleidigt sein über den unharmonischen böotischen Klang, und die guten Königsberger, welche ihre Kindheit zu andern Thoren als zum Brandenburger hinaus genossen und spazieren geführt haben, werden die Köpfe schütteln, warum ich nicht lieber Anweiden, Maraunen, die Hufen, den holländischen Baum, den Sprind und Kalthof zu einem Vehikel und Anknüpfungspunkt für meine Träume genommen! Aber man tauscht so wenig den kleinen, wie den großen Fleck Erde, auf dem man glückselig und ein Kind war, so wenig den ersten Spielplatz und das Vaterhaus, wie das Vaterland, den Welttheil, den Planeten und das Sonnensystem, dem man mit seinem Staube gehört.

Ich weiß es, das Alles wird Empfindsamkeit geschimpft, und die ist seit Siegwarts und Werthers Zeiten bereits aus der Mode, und somit heut' eine Albernheit; aber das Herz kennt keine Moden, und wer von der Kindheit sprechen will, muß wieder ein Kind, und weder geschmackvoller noch moderner sein wollen, als ihn Gott gemacht hat.

Am lebendigsten steht mir Alles aus den ersten Tagen des Frühjahrs und aus den letzten einer schönen Herbstzeit vor dem Sinn.

Anfang und Ende, Ankunft und Abschied sind in der natürlichen wie in der sittlichen Welt diejenigen Momente, in denen sich alle Lebenskraft und alle Seele zu einem Herzpunkte konzentrirt. Bei meinen Pflegeeltern hatte sich eine von ihrem Gatten verstoßene und gemißhandelte kinderlose Frau in Kost und Schutz gethan. Sie trank im Frühjahr einen

Thee von Schafgarbe, den sammelte ich ihr, wenn aus dem erwarmenden Erdboden die ersten Gräser hervorsproßten. Sie war ein engelgleiches Wesen an Güte und Zartgefühl, sinnig und hingebend in allem Verkehr, eine schwärmerische Liebhaberin des Spaziergangs in der freien Natur, immer zufrieden und jeden Augenblick ergeben in ihr Geschick. Sie war eine Freundin aller Kinder und somit auch meine Beschützerin und Fürsprecherin, wenn es Differenzen und Schwierigkeiten gab, von wegen dummer Streiche aus meiner Fabrik. So hab' ich denn dieser lieben Frau ihren Schafgarbenthee gesucht, und das um so lieber, da ich bei dieser Gelegenheit auch für mich botanisiren und mineralogisiren ging. Wie das zu verstehn ist, will ich zu wissen thun. Das Mineral der Mineralien war mir dazumal ein Feldstein mit Glimmerblättchen, Katzengold und Katzensilber genannt. In meiner Phantasie waren solche Steine Erzstufen von goldenem und silbernem Gehalt, falls man ihn nur auszuscheiden verstand. So hatte es mir ein alter Invalide, sei es im Ernst oder im Scherz, bei einer Gelegenheit anvertraut, und als er mir noch eine Geschichte erzählte, wie einer seiner Bekannten, ein alter Soldat, aus fernen, fernen Gebirgsgegenden her, und früher ein Bergmann, solches Katzengold und Katzensilber von seinem Gestein zu scheiden und zu reinem Silber und Gold auszuschmelzen verstanden hätte, da glaubte und sammelte ich den Segen Gottes nicht so eifrig auf mein Haupt, als diese Glimmersteinchen in meine Taschen, und ihrer gab es eben nirgend so viele und so schöne, wie auf dem Wege von Ponarth.

Dieser Weg führte auf einem von Weidenhecken eingefaßten Damm über ein Wiesenterrain, das sich in meiner kindlichen Phantasie bis zur Unermeßlichkeit ausdehnte. In den tiefen Gräben wuchsen viele Vergißmeinnicht, die ich ritterlichst für meine gütige Freundin, und ebenso für eine höchst liebenswürdige Nichte meiner Pflegeeltern herausholte, die meine zweite, noch frühere Beschützerin aus Warschau her war, und mit ihrem nie versagenden Spaß und unversiegenden Lebensmuth mich zu einem ritterlichen Thun und Lassen encouragirte.

Diese junge Dame verstand sich prächtig darauf, in einem so unanstelligen und ungebärdigen Jungen, wie ich dazumal war, das Bischen versteckten Mutterwitz groß zu ziehen, indem sie mich bei allen Gelegenheiten mit meinen Unarten und Originaldummheiten wacker zu foppen und aus dem Felde zu schlagen verstand. Konnte jene ältere Freundin, mit dem Schafgarbenthee, die personifizirte Sentimentalität vorstellen, im ehrenwerthesten Sinne des Worts, so war diese junge Nichte der konzentrirteste Mutterwitz und das gesundeste Ineinander von Herz und Verstand, von Werktüchtigkeit und Lebenslust, das mir in meinem Leben vorgekommen ist. Unser Herr Gott führte diesem unvergleichlichen, an Seele und Leib gesunden, körperlich eben so wohlgebildeten, als geistig schön ausgestatteten Mädchen einen Mann als Gatten zu, der an Sinn und Geist ihr Milchbruder zu sein schien, einen stattlichen Mann von einem unverwüstlichen Lebensmuth, von einer stets schlagfertigen herzlichen Spaßhaftigkeit und einem nie fehlgreifenden Witz.

Mit solchen Menschen spazieren zu gehn war Lebenserziehung und Lebenslust zugleich, es mußte einem geweckten und empfänglichen Kinde eine unerschöpfliche Glückseligkeit sein.

Ponarth war und ist heute noch ein ganz gewöhnliches Dorf, vor Zeiten mit einer bescheidenen Gastkneipe und einem Gärtchen ausgestattet, in welchem ich eine uralte, hohle Linde zu bewundern hatte, in der wir Jungen bequem Plinzwinkel spielen konnten.

Dem Fremden und Jedem zumal, der aus südlichern Gegenden, der auch nur von Schlesien und Sachsen kommt, ist der Ort ein kahles, nüchternes Stück Feld, mit ärmlichen Bauernhäusern und Wegweiden besetzt. Alles hat da die Physiognomie von nordischer Lebensdürftigkeit in alle dem, was zum Lebensüberfluß, zu sinnlicher Lust, zu Grazie, Schönheit und Poesie im Sinne südlicher Lebensarten gehört. Wie aber solche Lebensökonomie und Unscheinbarkeit, wie diese Keuschheit des Daseins, diese arbeitsame und religiöse Begnüglichkeit, diese Enthaltsamkeit von allem Luxus der Sinne und des Geistes denjenigen ergreift, der sein innerstes Sein, der sein Fühlen und Denken an solche Existenzweisen anzuknüpfen, und in solchen äußerlich dürftig erscheinenden Lebensarten auszugestalten gelernt, das kann nimmer ein Anderer als derjenige verstehn, der selbst in solchen Formen eingelebt, in solchen gebildet, mit ihnen groß geworden und verwachsen ist, auch seine Seele und Lebenslust, seine Poesie und Religion in und mit ihnen hat. Das ist, mit einem Wort, ein Kapitel aus den Mysterien der Symbolik, von der ich an einem andern Orte gesprochen. Wem aber der symbolische Verstand gegeben ist, der wird mich wohl verstehn, auch wenn er kein Königsberger und kein Nordländer, und nie in Ponarth gewesen ist. Genug, für mich ist das ärmliche Dorf mit seiner norwegischen Lebens-Physiognomie und der Weg dahin, nach all dem, was ich dort und unterwegs erlebt habe, eine Symbolik auf jeglichem Punkt, die ich nicht mit Konstantinopel und Neapel vertausche, und der Zweck dieser Apologie und Expektoration ist nicht sowohl der, andere Leute für Königsberg und Ponarth zu illuminiren, sondern Jeden zu encouragiren, daß er das Stückchen Erde in Treu' und Liebe als das schönste der Welt festhalte, mit dem seine Seele einmal in Liebe verkehrt hat; denn wer seiner Liebe untreu werden mag, der reißt sich die Seele aus dem Leibe, der mordet sich in Herz und Sinn!

Originalanmerkungen von Goltz

S. 24 *) Wahrscheinlich korrespondirt die Redensart „flöten gehn“ mit der: er pfeift auf dem letzten Loche, oder: die Sache kriegt ein Loch. Denn wo ein Ding zu Ende geht, Strumpf oder Schiff, Dach oder Boden, da gibt es bekanntlich ein Loch, wo der Wind hineinpfeifen, also Flöte blasen kann.

S. 68 *) Lawendel.

S. 69 *) Name eines Stadttheils.

S. 124 *) Hans, Friedrich, Gottlieb Lehmann, Professor der Philosophie an der Königsberger Universität, verstarb im Jahre 1821. Er war Mitstifter des Tugendbundes, und eines der eifrigsten Mitglieder desselben. In diese Zeit fällt auch sein vielfältiger Verkehr mit den Civil- und Militär-Notabilitäten der damaligen Zeit; so auch mit Schill, der oft im Lehmann'schen Hause war.

S. 125 *) Die bemerkenswerthesten dürften nachstehende sein: 1) Vorträge über unsere Zeit, Wünsche und den Menschen 1818. – 2) Ansicht und Gefahr des Protestantismus 1810. – 3) Pestalozzi 1810. – 4) Phönix, neuer Versuch über die Unsterblichkeit der menschlichen Seele. – 5) Der Theologe oder das Kirchthum als eine Macht 1814. – 6) Über die Juden 1815. – 7) Die heilige Kirche 1815. – 8) Der Kampf der Zeit über Erbwürden, Zünfte und Erbadel 1819. – 9) Über die Bildung eines Jünglings zum Staatsbürger 1806. – 10) Über den Eid. – 11) Freimüthige Gedanken über ein Leben nach dem Tode 1819. – 12) Das große Volk (eine Rede). – 13) Luther's hoher Muth und rechte Sache 1817 (eine Rede).

Zu dieser Ausgabe

Der vorstehende Text des *Buches der Kindheit* folgt der 1847 bei Heinrich Zimmer in Frankfurt a. M. erschienenen Erstausgabe, die als Druckvorlage diente. Diese hatte Goltz dem „Herrn Pfarrer Jackstein zu Bischofwerder in Westpreußen, seinem liebevollen Erzieher“, gewidmet, in dessen Knabenpensionat in Klein-Tromnau bei Riesenburg er die Jahre von 1810 bis 1812 verbracht hatte. Der Erstausgabe vorangestellt war auch Friedrich Rückerts Gedicht *Aus der Jugendzeit.*

Aus Raumgründen gelangt in der vorliegenden Edition nur etwa ein Drittel des ursprünglichen Textumfangs zum Druck, und zwar die Abschnitte *Historien aus Warschau*, S. 165–240, und *Königsberg oder mein kindlicher Verkehr mit der sittlichen Welt*, S. 273–352. Die ausgewählten Kapitel sind vollständig wiedergegeben. Die von der heutigen Norm divergierende Schreibweise von Fremdwörtern und Namen wurde vereinheitlicht und notfalls verbessert. Unregelmäßigkeiten der Rechtschreibung und offensichtliche Druckfehler wurden stillschweigend beseitigt. Auf die rhetorisch-uneinheitliche Sperrung einzelner Wörter und Wortgruppen durch den Verfasser wurde in der vorliegenden Ausgabe verzichtet.

Anmerkungen des Herausgebers zum Text

8 *inquirirt* – Untersucht, verhört.

Schindelkabaken – Schenken, Branntweinschenken.

Schlachtschitzen – Deutsche Verballhornung von poln. szlachcice: Edelleute.

Kibitken – Leichte, ungefederte russische Wagen, im besonderen Reisewagen.

10 *Acheron* – In der griechischen Mythologie der Fluß der Toten, über den die verstorbenen Seelen in die Unterwelt gebracht werden.

Radikale – Chemische Radikale sind Atomgruppierungen, die bei großer Reaktionsfähigkeit relativ stabil bleiben.

Fünftelsaft – Quintessenz, der feinste Auszug aus allen Säften.

Nativität – Das Geburtsglück, Geburtsverhängnis oder der Stand der Gestirne zur Geburtszeit eines Menschen.

11 *Lautir-Methode* – Von Heinrich Stephani (1761–1850) begründete Lesemethode.

12 *das Famulus-Wagnerische Wie* – Anspielung auf die Worte des Homunculus zu Wagner in Goethes „Faust“ (2. Teil.): „Das Was bedenke, mehr bedenke Wie.“

Fiblatschki-Primaner – Schüler der untersten Klasse, der sich zuallererst die Kenntnis der Fibel aneignen muß.

Pennal – Spottname für den neuangekommenen Studenten.

in meinem Esse – In meinem eigentlichen Wesen.

15 *von dem podolischen Riesenbraten* – Podolien, ehemals polnisch, fruchtbare Verwaltungsprovinz in der Ukraine.

regaliren – Bewirten, beschenken.

16 *hors d'œuvres* – (frz.) Vorspeisen, Beigerichte.

Beiramfeste – (pers.-türk.) Zwei islamische Hauptfeste.

17 *Pharus* – Halbinsel bei Alexandria mit berühmtem Leuchtturm.

17 *chargirte Person* – Hier: mit einer Aufgabe beauftragte Person.

18 *zackerirenden* – Zackerieren: schimpfen, zetern.
persuadiren – Überreden.

21 *ad vocem* – (lat.) Zu oder bei dem Worte (fällt mir ein ...).

23 *eskamotiren* – Heimlich verschwinden lassen, wegzaubern.

24 *in petto* (haben) – (lat.) Etwas bereit, im Sinne haben, planen.

26 *Oj da dana dana* – Freudenausruf der polnischen Bauern beim Tanz.
drobna szlachta – (poln.) Armer Landadel.
Mazurken und Krakowiaken – Mazurek und Krakowiak sind polnische Nationaltänze.

27 *von Napoleon, dem welthistorischen Philadelphia* – Jakob Philadelphia war ein berühmter Taschenspieler des 18. Jhs., für sein Talent in gleichem Maße bewundert wie wegen seines prahlerischen Auftretens verspottet.
scilicet – (lat.) Hier ironisch: ja freilich.

28 *juste milieu* – (frz.) Die richtige Mitte, besonders ein die Mitte zwischen den politischen Parteien haltendes, gemäßigtes Regierungssystem.
probatum est – (lat.) Es ist bewährt.

29 *in effigie* – (lat.) Im Bilde.

30 *Substructionen* – Hier: Anlagen.

31 *a priori* – (lat.) Von vornherein, von der Vernunft festgelegt.
a posteriori – (lat.) Nachher, aus der Erfahrung abgeleitet.

32 *pro forma* – (lat.) Der Form wegen, nur zum Schein.
ex vi formae – (lat.) Durch die der Form innewohnende Kraft, aus der Form heraus.

35 *Krabaten* – Krabben, kleine Kinder.

38 *Das Becker'sche Noth- und Hülfsbüchlein* – Gemeint ist das 1788/89 erstmals erschienene, volkstümliche „Noth- und Hülfsbüchlein für Bauersleute, oder lehrreiche Freuden- und Trauer-Geschichte der Einwohner des Dorfes zu Mildheim" von Rudolph Zacharias Becker (1752–1822).

40 *mit dem Pastor loci* – Mit dem Pastor des Ortes.

42 *Professionisten* – Handwerker.

44 *prästiren* – Leisten.

46 *oportet* – (lat.) Hier: das Muß, der Zwang.

47 *Bandjuden-Kneif* – Bandjude: mit Bändern und ähnlichen Waren hausierender Jude, Kneif: Messer.

53 *point d'honneur* – (frz.) Ehrenstandpunkt.

Proklama – Verkündigung.

62 *Stimmung Clärchens* – Klärchens Lied in Goethes „Egmont", 3. Akt; das darauffolgende Zitat lautet richtig: „Freudvoll / Und leidvoll, / Gedankenvoll sein, / Langen / Und bangen / In schwebender Pein / … /".

64 *Britschka* – Offener leichter Wagen, von poln. bryczka.

69 *in integrum restituiren* – In seinen ursprünglichen heilen und ganzen Zustand zurückversetzen.

in seinem himmlischen Prozeß – Anspielung auf den Verwandlungsprozeß der Alchimisten, bei dem das Vollkommene aus dem Unvollkommenen gewonnen wird.

73 *Schemper* – Dünnbier.

75 *vindiziren* – Als Eigentümer die Herausgabe fordern.

ubi bene (ibi patria) – (lat.) Wo mir's gut geht, (ist mein Vaterland).

76 *in forma probante* – (lat.) In beweisender, rechtskräftiger Form.

Jahrmarktspoesie in Plundersweilern – Anspielung auf Goethes Fastnachtsspiel „Das Jahrmarktsfest zu Plundersweilern" (1774).

Profusion – Verschwendung, Überfluß.

Stint und Pomucheln – Stint: ein kleiner Fisch; Pomuchel: westpr. für Dorsch.

au contraire – (frz.) Umgekehrt, im Gegenteil.

77 *haut-goût* – (frz.) Scharfer Geschmack abgehangenen Wildfleisches.

80 *im lateinischen Gedike* – Friedrich Gedike (1755–1803) war Verfasser weitverbreiteter Lehr- und Lesebücher für den Unterricht in den alten Sprachen.

81 *spintisiren* – Grübeln, nachdenken.

ora et labora – (lat.) Bete und arbeite.

86 *de gustibus non est disputandum* – (lat.) Über Geschmacksfragen läßt sich nicht streiten.

91 *pränumerirt* – Pränumerieren, im voraus (vor der Leistung) zahlen; hier: sich auf etwas freuen, sich etwas versprechen.

93 *Skripturen* – Schriftstücke, Schriften.

106 *κατ'εξοχὴν* – (griech.) Hier: schlechthin.

Dendriten-Marmor – Dendriten nennt man baum- oder moosartige Zeichnungen auf manchen Gesteinen. Sie sind durch Ausscheidung von Eisenoxyden entstanden, werden aber oft irrtümlich für Abdrücke von Pflanzen gehalten.

107 *Versen... von dem verstorbenen Dichter Hölderlin* – Gemeint sind die Schlußzeilen des Gedichtes „Hälfte des Lebens": „Die Mauern stehn / Sprachlos und kalt, im Winde / Klirren die Fahnen."

108 *Schurr-Murr* – Zusammengescharrte Asche und Schlacke.

109 *Carcassen* – Gerippe.

121 *Grand* – (nrdt.) Grober Kies.

129 *Stiefelschechte* – Stiefelschaft.

Heisterwaden – Pralle, feste Waden.

130 *Croupe* – Kruppe.

Enakssohn – Angehöriger des biblischen Volksstammes der Enakiter, in übertragener Bedeutung: ein Riese.

134 *böotischen Klang* – Grob, hartlautend, bäurisch (nach den Bewohnern der altgriech. Landschaft Böotien).

Siegwarts und Werthers Zeiten – Anspielung auf den sentimentalen Erfolgsroman „Siegwart. Eine Klostergeschichte" (1776) von Johann Martin Miller (1750–1814) und Goethes „Leiden des jungen Werthers" (1774).

136 *Plinzwinkel* – Versteckspiel.

137 *Expektoration* – Auswurf; hier: Herzensergießung, Herzenserleichterung.

Nachwort

Bogumil Goltz ist heute ein Geheimtip, den nur mehr Literaturkenner und -liebhaber untereinander weitergeben. Im breiteren literarischen Bewußtsein unserer Zeit darf er als verschollen gelten. Solches Schicksal widerfuhr einem Schriftsteller, den sein blendender Tageserfolg (an dem er unermüdlich gearbeitet hatte) um den vergeblich erstrebten, langwirkenden literarischen Nachruhm brachte. 1850, drei Jahre nach seinem kraftvollen Einstieg in den Literaturbetrieb mit dem Erinnerungsband *Buch der Kindheit*, begegnete ihm in Wien Friedrich Hebbel, der, selbst Autor hervorragender autobiographischer Schriften, folgende suggestive Beschreibung von Goltz hinterließ:

> Unsere Residenzstadt sah im Laufe des letztverflossenen Winters einen Gast in ihren Mauern, von dem Wenige etwas erfahren haben werden und der doch zu den bedeutendsten gehört, die seit langem bei uns einsprachen. Es war dieß Bogumil Goltz [...], der aus Ägypten zurückkam, wohin er eine Reise gemacht hatte, und zwar von dem Honorar für das Buch, auf das ich jetzt die Aufmerksamkeit des Publicums hinzulenken wünsche. Ich verdanke der Frau von Goethe seine Bekanntschaft, die mich bei einem Mittagessen mit ihm zusammenführte. Er war mir damals [...] ein bloßer Name, den ich noch obendrein erst aus dem Einladungsbrief kennen lernte, aber wie rasch verwandelte sich dieser Name in eine lebendige Gestalt mit den schärfsten, bestimmtesten Zügen, als die persönliche Begegnung eintrat. Ein starkknochiger, etwas hagerer Mann mit durchdringenden Augen, mächtig hervorspringender Nase und einer Stirn, die Eigensinn und

Willenskraft zugleich abzuspiegeln schien, perorirte in einem Kreise von erschrockenen Damen und staunenden Herren mit mächtiger Stimme gegen das schöne Italien; seine Garderobe erinnerte an einen Professor aus der ehrwürdigen Zeit, wo Lessing, als er tanzen und fechten lernte, sich gegen seinen Vater weitläufig darüber verantworten mußte; der Frack schien ein uraltes Erbstück zu sein, und ein weißes Tuch, bis über das Kinn hinaufgebunden, vollendete den urväterlichen Eindruck. Aber seine Gedanken waren nicht alt und bestäubt; in körnigster Sprache entwickelte er eine Reihe der originellsten Ansichten und Ideen; die schlagendsten Ausdrücke, die treffendsten Bilder standen ihm zu Gebot, und das Schneidende seiner Äußerungen wurde durch die Unmittelbarkeit ihrer Erzeugung, die das Wägen und Messen ausschließt, doch wieder gemildert. [...] Selten machte ein Mensch auf mich einen so ganz eigenthümlichen und darum dauernden Eindruck; der erste Gedanke, den er, und nicht bei mir allein, erweckte, war: er müßte in der nächsten Stunde vom Nervenfieber befallen werden; aber gleich der zweite: er habe mit Krankheiten gar Nichts zu schaffen. Sein Buch nahm ich natürlich nicht bloß mit Interesse, sondern auch mit großen Erwartungen zur Hand, und wahrlich, ich fand mich nicht getäuscht. [...] Von welcher Fülle der echtesten Poesie strotzt fast jedes Capitel! Wenn es jemals einen Dichter gab, der den Pfad zum Paradies der Kindheit zurückfand, so ist es Goltz. Ich muß freilich meine Schwäche bekennen, die Schwäche, daß ich mich gern in die Zeit versetze, wo jedes Blatt, das ich von einem abgeblühten Rosenkelch herunterblies, für mich ein morgenrother Kahn war, in dem ein Engel zur Erde niederschiffte, und wo ich die Johanniskäfer für kleine, eben geborene Sterne hielt, die schon wachsen und die Straße zum Himmel finden würden. Doch meine Sympathie für den Stoff würde mich nicht blind für die Mangelhaftigkeit der Form machen und gerade diese ist, einige unerhebliche stylistische Nachlässigkeiten und Schiefheiten in der Satzbildung abgerechnet, vollendet zu nennen. Goltz ist ein Landsmann von Hippel, Hoffmann, Hamann und Kant. Hippel

> scheint jenen Blick fürs Detail des Stillebens auf ihn vererbt zu haben, der seinen *Lebensläufen* die classische Seite gab; Hoffmann das glänzende, Ader und Nerv zugleich in den Rahmen bringende Darstellungstalent, welches von ihm selbst leider an Gespenster und Frazzen verschwendet wurde. Von Hamann hat er einen mystischen Zug, der ihn abhält, die Nacht als die bloße Abwesenheit des Tages aufzufassen, und insoweit gesund ist, als er dieß thut; von Kant hat er nichts, und das ist schade, denn das Angebinde des großen Vaters der Kritik hätte ihn ohne Zweifel gegen die sich erst entwickelnde und allerdings bis jetzt nur noch in Caricaturengestalt hervorgetretene neue Ordnung der Dinge etwas gerechter und gegen die von ihr befehdete alte etwas scrupulöser gemacht, als er zu sein scheint.[1]

Goltz, der im literarischen Selbstverständnis Westpreußens zu *dem* westpreußischen Dichter werden sollte, wie vergleichsweise zur gleichen Zeit Karl von Holtei zu dem Poeta Silesiae geworden war, wurde am 20. März 1801 in Warschau geboren. Nach der dritten Teilung Polens fiel diese Stadt an Preußen und wurde zum Einwanderungsort für preußische Beamte, Offiziere, Kaufleute und Handwerker, die sich hier mit ihren Familien niederließen. 1804 verschlug es auch den Kammerassessor E.T.A. Hoffmann in die Weichselstadt. Im Teilungsjahr 1795 war Carl Gottlieb Goltz, bisher Kriminalrat im westpreußischen Marienwerder, als Stadtgerichtsdirektor hierher versetzt worden. Bogumil war das vorletzte seiner fünf Kinder aus der Ehe mit Katharina Justina van Koldum, einer Marienwerderschen Kaufmannstocher.

Der wohlhabende Status des Vorstehers der städtischen Justiz geriet ins Wanken, als im Herbst 1806 Napoleonische Truppen Warschau besetzten und die preußische Verwaltung aufzuheben begannen. „Meine Lage ist wirklich ganz verdammt", berichtete E.T.A. Hoffmann ein halbes Jahr später an Julius E. Hitzig.[2] Der Goltzschen kinderreichen Familie erging es zwar anfangs besser, weil sie durch das bei Warschau gelegene Landgut Milanowek materiell einigermaßen abgesichert war. Als dieses aber in der unruhigen Zeit plötzlich abbrannte und zugleich Bogumils Mutter gesundheitlich litt, wurde der Knabe bei der befreundeten Familie von Thiesenhausen in Pflege gegeben. Schon 1808 zog er mit dieser nach Königsberg um.

Mit dem Verlassen von Warschau begann für Goltz ein wechselvolles Wanderleben, das nur scheinbar zur Ruhe kam, als er sich 1847 in Thorn niederließ, wo er bis zu seinem Tod am 12. November 1870 wohnte. Die Stationen dieser von auffallender Mobilität gekennzeichneten Existenz hießen zuerst Königsberg, Klein-Tromnau, Marienwerder, Ciechocin an der Drewenz und waren mit dem letztendlich mißglückten Versuch verbunden, zunächst einen Gymnasialabschluß zu erzielen und später sich als Landwirt auszubilden. Breslau war 1822/23 nach dem extern erworbenen Reifezeugnis der Schauplatz eines wieder schief gelaufenen Projektes, dem, ein Universitätsstudium in Angriff zu nehmen. Auf dem Rittergut Lissewo bei Gollub versuchte sich Goltz abermals als Landwirt. Als 1831 auch dieses Vorhaben mit dem Abtreten des Gutes gegen eine unansehnliche Leibrente fehlschlug, widmete er sich, zuerst in Posen und danach, bis zu seiner Übersiedlung nach Thorn in Gollub, umfangreichen autodidaktischen Studien.

Damals faßte er auch den Plan, die Erinnerungen an seine Kindheit in Form eines Buches niederzuschreiben. Jahre später, 1853, berichtete er darüber mit dem ihm eigenen Humor:

> Ich habe in Gollub alles Mögliche und noch etwas darüber hinaus für die Flachsenfinger [Golluber] Geselligkeit und Kurzweil getan; ich war sogar daran, auf Brusbart und Galgenknaster anzubeißen, obgleich ich weder spiele noch rau-

che; da trat der Genius meines Lebens vor mich hin und sagte: ‚Mensch, bedenk dein Ende, aber nicht fürder in Hühnerhorst; du hast bereits Pips und Mauser überstanden, du bist für eine höhere Staffel gereift. Jetzt denke darauf, wie du deine Lenden gürtest, den Staub von deinen Füssen schüttelst und nie wiederkehrst. Damit du dies aber vermögest, so schreibe dies Buch!' In demselben Augenblicke erschien vor meinen verzückten Blicken der lichte Genius meiner Kindheit. Er hielt eine Schrift in den Händen, auf deren Titelblatt in farbenglühenden und goldigen Lettern KINDHEIT zu lesen stand. Als ich erwachte, sah ich, daß ich wieder einmal in ‚Duhster-Duhseln' [Gollub] so schön geträumt. Aber diesmal hielt ich den Traum fest und machte Ernst mit der Schriftstellerei und fiel doch nicht aus meiner Rolle, sondern in den tiefsten Seelentraum, in den Mittelpunkt der Natur, in die ‚heiligen Paradiesträume der Kindheit' zurück und schrieb sie nieder und nannte sie *Buch der Kindheit* und verkaufte mein bißchen Hab und Gut und ging hausieren mit meinem Manuskript, unter andern in Pregel- und Spree-Athen und erhielt an beiden seelenvollen Orten die naive und tiefgefühlte Antwort: daß mein Buch für diese profane Welt und Zeit viel zu schade sein dürfte und somit auch für den Druck. Endlich fand sich doch aber ein reellerer und derberer Sachkenner, der es ‚gerade gut genug' hielt und so nachdrücklich empfahl, daß es ein zweiter ganz materialistisch mit Louisdoren honorierte und dieser jemand war mein ehrenfester und freundlicher Verleger H. Zimmer in der schönen, billigen und manierlichen Stadt Frankfurt am Main.[3]

Das 1847 erschienene Buch machte seinen bisher nur mit einer schmalen Anti-Ronge-Broschüre in Leipzig und einigen kleineren Beiträgen in der Thorner Presse hervorgetretenen Autor mit einem Schlage berühmt. Literaturblätter feierten die Geburt eines „neuen Jean Pauls". Im allgemeinen Lob trafen sich Leser verschiedenster Couleur, um nur auf Joseph von Eichendorff, Karl Rosenkranz, Adolf Diesterweg oder Christian Vilmar stellvertretend hinzuweisen. Jedes Jahrzehnt brachte fortan bis 1908 in bewährter Regelmäßigkeit eine neue Auflage.

Man darf freilich Goltz in der Schilderung der Geburtsstunde seines Bestsellers nicht ohne weiteres folgen und annehmen, die Anregung hierzu wäre ein purer Zufall gewesen, – wie gern er auch seinen Leser dies glauben machen möchte. Die Hinwendung zu diesem Sujet und der große Erfolg des Werkes lagen in einem nicht unwesentlichen Maße in den äußeren Gegebenheiten seiner Zeit begründet. Die Autobiographie wurde im 19. Jahrhundert als literarische Gattung Mode und war gleichermaßen bei den Schriftstellern wie den Lesern sehr beliebt. Will man sich nur auf die vierziger Jahre beschränken, dann zeigt es sich, daß außer dem Goltzschen Erinnerungsbuch (und Friedrich Hebbels Fragment *Meine Kindheit*, 1846) damals noch zwei andere, umfangreiche Autobiographien erschienen sind, die zu den großen Lesererfolgen des vergangenen Jahrhunderts zählen: Karl von Holteis *Vierzig Jahre* (1843–1850) und Justinus Kerners *Das Bilderbuch aus meiner Knabenzeit* (1849). Eigenartig ist an dieser Namens- und Titelkonstellation heute, daß von dem gesamten Œuvre dieser drei einst erfolgreichen Autoren nunmehr lediglich die hier genannten autobiographischen Werke lebendig blieben und mit Recht die Aufmerksamkeit der Leser beanspruchen können. Besonders ein Vergleich mit Holtei (denn Kerner scheint neuerdings eine immer auffälliger werdende Renaissance zu erleben) dürfte sich für die Auseinandersetzung mit dem Phänomen des rasanten Aufstiegs und ebenso jähen Falls des literarischen Ruhms von Goltz als sehr aufschlußreich erweisen. Darauf wird im folgenden noch zurückzukommen sein.

Nach der Übersiedlung nach Thorn widmete sich Goltz, durch den finanziellen Erfolg seines Erstlingswerkes materiell unabhängig geworden, völlig der schriftstellerischen

Arbeit. Die in den Golluber Jahren zusammengetragenen Exzerpte und Notizen kamen ihm hierbei ebensosehr zustatten wie seine flinke Feder, die – so müssen wir heute sagen – ihm nur allzu schnell zu Gebote stand. Die zwei Bände *Das Menschen-Dasein in seinen weltewigen Zügen und Zeichen*, die Goltz 1850 als Summa seiner weltanschaulichen Überlegungen vorlegte, erfreuten sich nur eines mäßigen Interesses des Lesepublikums. Zum einen lag das an der äußeren Bewegtheit der Zeit, die in jenem Augenblick mehr den tagespolitischen Themen gewogen war; zum anderen freilich war es die Folge der inneren, gedanklichen Inkohärenz und der formalen Unausgewogenheit der in diesem Buch thematisierten Problematik.

Dagegen fand *Ein Jugendleben* (1852), die literarisch verfremdete dreibändige Fortsetzung seiner ersten autobiographischen Schrift, erneut Scharen von Lesern, die sich durch die vielen störenden, novellistischen Einschübe von der Lektüre dieses als Erinnerungsgeschichte zu bezeichnenden *biographischen Idylls aus Westpreußen* nicht abhalten ließen. Und wenn sich diesmal auch nicht der Erfolg des *Kindheit*-Buches einstellen wollte, so hütete doch die zweite, um einen Band vermehrte Auflage des *Jugendlebens* (1865) keineswegs die Buchläden.

Ein Kleinstädter in Ägypten (1853) schlug bei dem Publikum wieder mit der Kraft des Erstlingswerkes durch und festigte Goltzens literarisches Ansehen. Der große Erfolg dieses Buches entsprang einerseits dem damals allgemein starken Interesse an Reiseliteratur (insbesondere an Orientschilderungen) und gründete sich andererseits auf die sehr eigenwillige, „provinzielle“ Darstellungsart von Goltz, der die zeitgenössischen, gelehrt-ästhetisierenden Beschreibungen Ägyptens aufs Korn nahm und voller Ironie von der Wirklichkeitsferne der „gelahrten“ deutschen Autoren auf ihren

Reisen sprach. Daß er mit seiner Kritik insbesondere einen prominenten Reisenden im Auge hatte, und zwar den Fürsten von Pückler-Muskau, den Verfasser von *Aus Mehemed Alis Reich* (1844), kommt in seinem Buch zwar nicht expressis verbis zum Ausdruck, wird aber aus dem Text sehr wohl ersichtlich. Die etablierte Kritik, etwa die von Robert Eduard Prutz oder Karl Gutzkow, zollte der Goltzschen Schilderung seiner Nil-Reise in Übereinstimmung mit dem Beifall der begeisterten breiten Leserkreise ebenfalls Anerkennung.

Von den übrigen Veröffentlichungen Goltzens, die mehr oder weniger dem Leitthema seiner schriftstellerischen Existenz eines dilettierenden Philosophen verbunden waren, nämlich der „Metaphysik und Ästhetik des Alltags", ragten hervor *Der Mensch und die Leute* (1858); drei Abteilungen von *Exakte Menschenkenntnis in Studien und Stereoskopen* (1859/60), wovon z.B. *Zur Charakteristik und Naturgeschichte der Frauen* bis 1874 fünf Auflagen erreichte; zwei Bände *Typen der Gesellschaft* (1860), die es bis 1867 auf vier Auflagen brachten, und *Die Bildung und die Gebildeten* (1864), ebenfalls in zwei Bänden, die 1867 neuaufgelegt wurden. An der raschen Aufeinanderfolge und der wiederholten Edition dieser Werke wird das damalige Renommee ihres Autors sichtbar. Bereits um die Jahrhundertwende war jedoch der Schriftsteller Bogumil Goltz in Vergessenheit geraten.

Nicht etwa der spezifisch heimatverbundenen Beschaffenheit des Goltzschen Schaffens ist es zuzuschreiben, daß sein Name kometenartig am literarischen Himmel erschien und verschwand. Denn ein Heimatdichter war er nicht. Die Ideologie des Volkstums war ihm, übrigens genauso wie seinem Breslauer Zeitgenossen Holtei, vollkommen fremd. Daß es in der gleich nach seinem Tode entstandenen Legendenbildung seiner Bücher zur Heimatkunst und seiner Persönlichkeit zum Idealtypus des „Weichsel-Preußen"[4] weniger um sein Schaffen und seine Person denn um fromme Vorstellungen seiner vom Wunschdenken geleiteten Thorner deutschnationalen Mitbürgerschaft ging, deren honorabelste Zierde er in den letzten zwanzig Jahren seines Lebens gewesen war, dürfte bei näherem Zusehen auf der Hand liegen. *Buch der Kindheit* und *Ein Jugendleben*, die hier hauptsächlich in Frage kommen, lassen sich unter recht unterschiedlichen Aspekten betrachten – die Kategorie der dem Volkstumgedanken zugeneigten Heimatkunst trifft allerdings nicht auf sie zu. Schon von seiner Herkunft her war Goltz gegen moralisch und intellektuell suspekte Ideen einer ‚Erneuerung des Volksgeistes' oder einer ‚Rückbesinnung auf die Kräfte des Stammes' gefeit. Sein Vater verkehrte gleichermaßen mit Deutschen wie mit Polen und beherrschte einwandfrei die polnische Sprache, weshalb er auch nach Warschau versetzt worden war. Hier wurde der Umgang mit Polen noch häufiger und selbstverständlicher, und der kleine Bogumil (dessen polnischer Vorname an der Offenheit der Eltern dem Polentum gegenüber keinen Zweifel läßt) wuchs mit Polnisch als seiner zweiten Muttersprache auf.

Warschau war um diese Zeit ein brodelnder Kessel der verschiedenen Nationen und Kulturtraditionen und bot dementsprechend ein buntes und bewegtes Straßenbild:

> langbärtige Juden und Mönche in allen Ordenstrachten, ganz verschleierte, tief in sich gekehrte Nonnen von der strengsten Regel, und über weite Märkte hinüber conversirende Scharen junger Polinnen in den hellfarbigsten seidenen Staubmänteln; ehrwürdige alte polnische Herren mit Schnurrbärten, Kaftan, Paß (Gürtel), Säbel und gelben oder rothen Stiefeln, und das neue Geschlecht in den incroyabelsten Pariser Moden, Türken und Griechen, Italiener und Franzosen in immer wechselnder Menge.[5]

So schildert uns Hoffmann detailliert, und Goltz resümiert bündig in seinem *Buch der Kindheit*: „kurz, eine Welt aus aller Welt Elementen, Lebensproben, Lumpen, Fetzen und Culturfragmenten zusammengepascht". Unter solchen Bedingungen konnte kein borniertes Stammesdenken oder Nationalitätendünkel gedeihen. Auch das spätere Leben von Goltz verlief im Zeichen der ständigen Begegnung und des vielseitigen Aufeinander-angewiesen-Seins der Deutschen, Polen und Juden. Beredt bezeugt das *Ein Jugendleben* mit seinen Schilderungen dieser soziokulturellen Symbiose auf dem westpreußischen Land. Der Schriftsteller, ein scharfsinniger Beobachter der Natur und der Menschen, von der ehrlichen Gesinnung eines alten Konservativen geprägt, konnte sie weder übersehen noch in einem anderen Lichte darstellen. Bereits 1871 konzedierte Rudolf Gottschall (dessen Stimme man damals allerdings gern überhörte), daß diese unmittelbare Berührung mit dem Polentum einer der Hauptgründe war, warum Goltz sich von der „beliebten Polenfresserei" immer ferngehalten hatte.[6] Meilenweit war er in dieser Hinsicht etwa von einem Gustav Freytag entfernt, der z.B. 1861 in einem Brief an seinen Freund, den Kaufmann und Politiker Theodor Molinari, ohne Umschweife gestand, daß ihm „jede Thätigkeit gegen die Polen sehr gefallen" würde.[7] Mag man heute Goltzens Urteile über die verschiedenen Nationalitäten manchmal sonderbar finden, nie darf ihnen Voreingenommenheit oder taktisches Kalkül unterstellt werden.

Der große Tageserfolg von Goltz und das posthume Verschwinden seiner Bücher aus der literarischen Öffentlichkeit sind auf unterschiedliche Weise zu erklären, hängen aber eng zusammen. Das Geheimnis ist denkbar simpler Natur: Seine Erfolge (abgesehen von den zwei autobiographischen Schriften und dem Reisebericht aus Ägypten) lagen nicht in den Werken selbst begründet – er hatte sie anderen Umständen zu verdanken. Wie paradox sich diese Formulierung auf den ersten Blick auch ausnehmen mag, so weist eben diese Widersprüchlichkeit eine aufschlußreiche Parallele auf: Karl von Holteis literarischer Stern ist (bei allen Unterschieden im Stofflichen und Formalen zwischen diesen Autoren) fast genauso auf- und untergegangen. Ähnlich wie Holtei fiel Goltz das Schreiben sehr leicht. In den zwanzig Jahren seiner schriftstellerischen Tätigkeit legte er in kurzen, regelmäßigen Abständen seine häufig mehrbändigen und immer dickleibigen Bücher dem Lesepublikum vor. Nur, wieder wie bei Holtei, das Wenigste darin war originell und nicht mit dem Makel literarischen Epigonentums und intellektueller Seichtheit behaftet. Originäre Bilder und Gedanken, jene „prächtigen Goldkörner, die [den Leser] im Einzelnen daraus anblinken“[8], so ein anonymer Rezensent von *Ein Jugendleben*, tauchen äußerst selten in der Masse des von Goltz Geschriebenen auf. Gottschall fällte darüber in seinem hier schon zitierten Artikel ein vernichtendes Urteil:

> Wenn man eins dieser Werke charakterisirt hat, hat man sie alle charakterisirt; es sind dieselben Ideengänge, dieselben Ausdrucksweisen, dieselben ‚Humore‘ und geistigen ‚Energien‘, die in allen wiederkehren. Die Illustrationen mit Genrebildern und Anekdoten, Einfällen und Vergleichen sind andere, aber der Grundtext ist immer derselbe.[9]

Mutatis mutandis trifft das auch auf Holtei zu. Beider Schriftsteller Vorbild war Jean Paul, zu dem sie sich auch gerne bekannten, nur sind sie in ihrem Schaffen von dem angestrebten Ideal seines facettenreichen Prosastils und dem ästhetisch-genialischen Voluntarismus seiner Poetik unendlich weit entfernt. Abgebrochene theologische Studien, qualvolle Erfahrungen einer kleinstädtischen Existenz, der mühsam-zähe Weg eines Autodidakten in die literarische Öffentlichkeit sind die Berührungspunkte nur der äußeren Biographie von Jean Paul und Goltz. Die künstlerisch-ideelle Verwandtschaft ist sehr dünn und reißt vielfach ab. Beim Entwerfen von Landschaftsbildern, in der Schilderung von Episoden aus dem ländlichen Leben – hier beweist er meisterhafte Detailgestaltung – folgt Goltz zweifelsohne Jean Paul. Allerdings hält er auf halbem Weg inne, indem er sich, in schroffem Gegensatz zur Jean Paulschen Aufgeschlossenheit für alle gesellschaftlichen Fragen der bäuerlichen Existenz, gegen diese Problematik abkapselt und konservativ am „guten alten", patriarchalisch aufgefaßten Recht festhält.

Die Verbreitung von allerorts Angelesenem hätte Goltz nicht den Ruhm, dessen er sich zu Lebzeiten tatsächlich erfreute, beschert. Es war dies seine Vortragskunst. Gleich Holtei wurde er zu einem Rhapsoden und zog von 1852 bis 1869 unermüdlich kreuz und quer durch die deutschen und österreichischen Lande, von Tilsit bis Köln, von Hamburg bis München, von Wien bis Triest, und schlug wortgewaltig die Zuhörerscharen in seinen Bann. Hierin legte er die gleiche Sensibilität für das Zeitspezifische an den Tag wie bei dem Entschluß, seine Kindheitserinnerungen niederzuschreiben: War doch die institutionalisierte Dichterlesung im 19. Jahrhundert, als Folge der Expandierung der früheren elitären Kultur literarischer Salons in die breitere Öffentlichkeit, zum hervorstechenden Merkmal des Literaturbetriebs jener Zeit geworden. Außer Goltz und Holtei wurden damals als lesende Wanderschriftsteller Alexander Jung, Wilhelm Jordan und ihnen allen voran der „König der Romantik", Ludwig Tieck, bekannt, den Clemens Brentano, von seiner Vortragskunst begeistert, als „das größte mimische Talent, das jemals die Bühne nicht betreten", apostrophierte.[10]

Goltz war ebenfalls außerordentlich schauspielerisch veranlagt und setzte diese Begabung auf seinen Vortragsreisen zielbewußt in Szene – überall mit schlagendem Erfolg. In Dresden, als er dort im März 1864 eintraf, mußten die Opernvorstellungen ausfallen, weil seine Lesungen ausgerechnet zum gleichen Zeitpunkt stattfanden; in Wien schlug er im Januar 1866 den ebenfalls zu Lesungen aus Frankreich angereisten Rivalen Alexandre Dumas gründlich aus dem Felde. Prominente Persönlichkeiten unter seinen Zuhörern wie Ottilie von Goethe, Hebbel, Gottfried Keller, Mörike, Hoffmann von Fallersleben, Rudolf Genée, König Friedrich Wilhelm IV. von Preußen, mit denen er durch diese Lesungen auch in persönlichen Verkehr trat, gaben in ihren mannigfachen brieflichen und anderen schriftlichen Äußerungen dem überwältigenden Zauber Ausdruck, der von den Goltzschen Leseabenden ausging. Eben die Wirkung seiner Vortragskunst bildete die Grundlage für den Erfolg seiner Bücher, die sich bezeichnenderweise nach dem Tod des Autors nicht mehr beim Lesepublikum durchsetzen konnten.

Eine Ausnahme jedoch ist sein *Buch der Kindheit*. Goltz, talentierter Beobachter und getreuer Detailkünstler, entwirft darin nach vierzigjähriger zeitlicher Entfernung Bilder von bestechender Frische und Unmittelbarkeit. Die Erlebnisperspektive des Kindes begünstigt die starke Exponierung des erzählenden Ich, so daß mancher Leser möglicherweise die hie und da krasser hervortretende Überlagerung der ‚objektiv'-kulturgeschichtlichen über die ‚subjektiv'-intime Textschicht mit Bedauern registrieren wird. Indes ist die Einteilung in eine ‚objektive' und ‚subjektive' Kultur- und Zeitgeschichte in höchstem Maße illusorisch, und außerdem prägt die gesamte Memoirenliteratur des 19. Jahrhunderts eine ausgesprochene Ich-Bezogenheit als Folge der Befreiung des schreibenden Individuums von den Sinnklammern der klassisch-normativen Poetiken. Hinzu kommt, daß Goltz sein Buch als Beitrag zur sogenannten Erfahrungsseelenkunde verstanden hat, daß er sich also hierin ungeachtet der literarischen Ansprüche auch didaktische Aufgaben stellte: Mit der Auswahl der Erlebnisse und Erfahrungen seiner Kindheit und den daraus abgeleiteten und verallgemeinernden Erörterungen wandte er sich an die erzieherisch Interessierten, an die Pädagogen seiner Zeit. Goltz trat damit in die Fußstapfen einer bedeutenden Tradition, an deren Wiege Jean Jacques Rousseau steht, die in Deutschland Karl Philipp Moritz einführte und Goethe wie Jean Paul fortsetzten. Ja, der Autor des *Buches der Kindheit* wirkte selbst traditionsbildend: Unübersehbar sind z.B. die Anleihen Rudolf Reichenaus bei Goltz in dessen *Aus unseren vier Wänden* (1859), insbesondere im ersten Band dieses Zyklus *Aus dem Kinderleben*. Auch in Karl Gutzkows autobiographischem Werk *Aus der Knabenzeit* (1852/73), dem sogar ein Satz aus dem Goltzschen Erstling als Motto vorangestellt ist („Wer die Menschheit nicht in ihren niedrigen Sphären erkannt hat, begreift sie nicht in ihren Höhen“), finden sich manche Anklänge an den Thorner Autor.

Mag das übrige schriftstellerische Werk von Goltz in den Annalen der Literaturgeschichte schlummern und kaum mehr dem Vergessen zu entreißen sein, so trotzt sein *Buch der Kindheit* nach wie vor erfolgreich dem Staub und der Wandelbarkeit der Zeit und gehört zur durchaus unverzichtbaren Tradition der deutschen Literatur des 19. Jahrhunderts.

Marek Zybura

Anmerkungen zum Nachwort

1 Friedrich Hebbel: Sämtliche Werke. Hrsg. v. Richard Maria Werner. Bd. 11. Berlin 1904, S. 360.
2 E. T. A. Hoffmanns Briefwechsel. Hrsg. v. F. Schnapp. Bd. 1. München 1967, S. 209.
3 Bogumil Goltz: Ein Kleinstädter in Ägypten. Berlin 1853, S. XIII f.
4 Vgl. dazu: Bogumil Goltz – einem genialen Weichsel-Preußen zum Gedenken. Mit Erinnerungen persönlicher Freunde des Dichters und anderen Überlieferungen. Zusammengestellt und herausgegeben von Rudolf Trenkel. Hamburg 1978.
5 Aus Hoffmann's Leben und Nachlaß. Herausgegeben von dem Verfasser des Lebens-Abrisses Friedrich Ludwig Zacharias Werners. Bd. III. Stuttgart 1831, S. 40.
6 Rudolf Gottschall: Bogumil Goltz. In: Unsere Zeit. Deutsche Revue der Gegenwart. Jg. 7, 1871, S. 382.
7 Gustav Freytag an Theodor Molinari und die Seinen. Bislang unbekannte Briefe aus den Beständen der Universitätsbibliothek Breslau. Hrsg. v. Edward Bialek u.a. Frankfurt a.M., Bern, New York, Paris 1987 (= Trouvaillen. Editionen zur Literatur- und Kulturgeschichte, Bd. I), S. 30.
8 Deutsches Museum, 1852, H. 2, S. 382.
9 Gottschall 1871, vgl. Anm. 6, S. 384.
10 Zit. nach: Klaus Günzel (Hrsg.): König der Romantik. Das Leben des Dichters Ludwig Tieck in Briefen, Selbstzeugnissen und Berichten. Berlin 1981, S. 5 f.

Inhalt